Ludwig Waldmüller

HEILIGE MESSE

Kleiner Leitfaden Liturgie

Elemente – Symbole – Hintergründe
kurz & bündig erklärt

benno

Bibliografische Information der Deutschen Nationalbibliothek
Die Deutsche Nationalbibliothek verzeichnet diese Publikation in der Deutschen Nationalbibliografie; detaillierte bibliografische Daten sind im Internet unter http://dnb.d-nb.de abrufbar.

Besuchen Sie uns im Internet:
www.st-benno.de

Gern informieren wir Sie unverbindlich und aktuell auch in unserem Newsletter zum Verlagsprogramm, zu Neuerscheinungen und Aktionen.
Einfach anmelden unter www.st-benno.de.

ISBN 978-3-7462-3780-0

Umschlaggestaltung: Ulrike Vetter, Leipzig
Layout: Ulrike Vetter, Leipzig
Gesamtherstellung: Kontext, Lemsel (A)

INHALT

Im Buch verwendete Symbole:

sitzen

gehen

knien

stehen

Kreuzzeichen machen

an die Brust schlagen

Hände reichen

LIEBE LESERIN, LIEBER LESER,

die heilige Messe ist die wichtigste Form des Gottesdienstes in der katholischen Kirche. Allerdings ist es oft gar nicht so einfach, dem Ablauf zu folgen. So viele verschiedene Gebete, Haltungen, Momente ... Dieses Buch will dabei eine Hilfe sein: Der erste Teil des Buches erklärt die Messfeier anhand ihres Ablaufs. Man kann es also einfach mit in den Gottesdienst nehmen und Stück für Stück dem Gottesdienst folgen. Kurze Erklärungen sollen helfen, beim Gebet der Gemeinde aktiv dabei zu sein. Ein zweiter Teil versucht, einige wichtige Fragen zur heiligen Messe zu beantworten. Das Buch ist alles andere als eine vollständige und wissenschaftliche Analyse der Eucharistiefeier. Es soll vor allem helfen, in die Feier der Kirche immer weiter hineinwachsen zu können.

Die Idee zu dem Buch kam mir zusammen mit einer guten Bekannten, weil uns auffiel, dass viele Menschen in unseren Gottesdiensten nicht verstehen, was wo wie warum gemacht wird. Immer wieder ist es mir in meiner Arbeit in der Gemeinde vor Ort passiert, dass ich nach Erklärungen der Messe gefragt wurde. Vor einiger Zeit hielt ich einen Vortrag über die Eucharistiefeier und schämte mich bei der Vorbereitung schon, dass ich in meinen Augen so einfache Dinge sagen wollte. Nach dem Vortrag sagten mir die vielen Zuhörer, dass sie vieles von dem, was ich

erzählt hatte, noch nie gehört hatten. Auch das hat mich in der Idee bestärkt, dass ein solches Buch entstehen sollte.
Das Buch gibt nur einen ersten Hinweis, es will helfen, die Messe mitfeiern zu können. Es richtet sich natürlich in erster Linie an Katholikinnen und Katholiken, die das, was sie feiern, besser verstehen möchten. Es soll aber auch allen anderen Interessierten helfen, das nachvollziehen zu können, was uns Katholiken so wichtig ist.
Ich selbst darf als Priester jeden Tag – und oft auch mehrmals am Tag – die Eucharistie feiern. Mir ist diese Hochform des Gottesdienstes in den letzten Jahren immer wichtiger geworden. Wenn Sie durch dieses Buch ein kleines bisschen von der Besonderheit dieser Feier erahnen können, dann hat es schon sein Ziel erreicht.
Danke, dass Sie sich für die heilige Messe interessieren!

Ihr
Ludwig Waldmüller, Pfarrer

Der Ablauf der heiligen Messe

Wie kann ich mich auf den Gottesdienst vorbereiten?

Wer zu einer Begegnung bei anderen Menschen eingeladen ist, wird sich auf diesen Besuch vorbereiten. Meistens überlegt man sich, was man anziehen soll, welches Mitbringsel sinnvoll ist und wie man am besten zur Einladung erscheint ... Natürlich ist die vorrangige Frage bei der Eucharistie nicht, wie ich gekleidet bin, aber diese Frage kann gut erklären, wie man sich vorbereitet. Ich mache mir zuallererst einmal bewusst, dass ich da tatsächlich bei jemandem zu Besuch bin und dass ich mir überlege, wie ich da ankomme. Es ist zum Beispiel eine gute Möglichkeit, sich vorher schon einmal den einen oder anderen Lesungstext anzusehen, der in der Messfeier vorgelesen werden wird. Dadurch wird einem beim Zuhören vieles noch deutlicher bewusst. Ein weiterer Punkt ist: Ich komme rechtzeitig, um nicht in die Eucharistiefeier hineinzuhetzen. Auch wenn ich zum Essen bei Freunden eingeladen bin, versuche ich ja, rechtzeitig da zu sein, nicht auf den letzten Drücker und abgehetzt zu erscheinen ... Gleiches gilt auch für den Besuch bei Jesus Christus. Dann ist es auch die Frage, wie ich den Gottesdienstraum betrete. Es ist gut, Augen für den Herrn zu haben. Im Tabernakel ist das Allerheiligste anwesend (siehe unten); deshalb ist es üblich, beim Betreten eine Kniebeuge zu machen und damit zu zeigen: Ich weiß, dass ich das Haus des Allerhöchsten betrete, dass ich in seine Gegenwart komme. Am Eingang der Kirche befindet sich meistens ein Weihwasserbecken. Das Weihwasser erinnert an die Taufe, durch die wir zu Christen wurden. Beim Bekreuzigen mit dem Weihwasser mache ich mir durch diese einfache Geste bewusst, dass ich zu Jesus gehöre, dass ich auf den Namen des dreifaltigen Gottes getauft bin. Es ist fast so, als ob man dem Hausherrn die Hand geben und ihn begrüßen würde. Und genau das ist es, was dann wichtig ist: Wenn ich die Kirche betreten und mir einen Platz gesucht habe, begrüße ich den Herrn. Ich versetze mich in seine Gegenwart, ich mache mir bewusst, dass ich ihm nun in dieser Feier begegnen darf, und sage ihm, was mir gerade auf dem Herzen liegt. Auch die Stille vor dem Gottesdienst, das Zur-Ruhe-Kommen nach dem Durcheinander des Alltags hat eine große Bedeutung.

Mein Vater hat einmal zu mir gesagt, als ich ein kleiner Junge war und mich vor dem Weg in die Kirche nicht mehr kämmen wollte: „Stell dir mal vor, wenn die Königin von England auf Besuch käme, dann würdest du dir doch sicher die Haare ganz ordentlich kämmen. Heute begegnest du dem König der Könige – und da ist es dir das nicht wert?" Dieser Satz hat mich nicht mehr losgelassen. Ich glaube, dass man sich gerade das immer wieder sagen muss: Es ist eine besondere Begegnung, zu der wir da zugelassen werden, und da ist es nur würdig und recht, sich darauf ordentlich vorzubereiten.

→ d.h. innerliche & äußerliche Vorbereitung wie es dem Herrn aller Herren gebührt + ebenso eine Begrüßung und als erstes einen Akt der Anbetung auf dem Platz (wer ist wichtiger zu begrüßen: die anderen Menschen oder der höchste König und Grund meines Daseins und Kommens in die Kirche?)

ERÖFFNUNG

Einzug

Eröffnung

Alle stehen und machen das **Kreuzzeichen***, während der Priester spricht:*

P Im Namen des Vaters und des Sohnes und des Heiligen Geistes.

A Amen.

Daraufhin begrüßt der Priester die Gemeinde z. B. mit den Worten:

P Der Herr sei mit euch.

A Und mit deinem Geiste.

Dann kann der Priester einige einführende Worte in die Messfeier sprechen (z. B. über die Schriftlesungen, den Tagesheiligen oder ein sonstiges Thema).

Allgemeines Schuldbekenntnis

P Wir sprechen das Schuldbekenntnis:

A Ich bekenne Gott, dem Allmächtigen, und allen Brüdern und Schwestern, dass ich Gutes unterlassen und Böses getan habe – ich habe (normalerweise kniet man immer vor Altar und Tabernakel nieder (Kniebeuge), wenn man an diesen vorbeiläuft)

Der Beginn der Messfeier wird mit einem Glockenläuten angezeigt. Als Zeichen ihrer Bereitschaft für die Feier stehen alle Anwesenden auf. Der Priester und die ihn Begleitenden gehen zum Altar. Der Einzug ist ein Zeichen für den Weg des Menschen auf unser Ziel hin, auf Gott hin. Der Priester küsst den **Altar**, das Symbol für Christus, und bringt so seine Verehrung zum Ausdruck. Der Altar ist ein Zeichen für Jesus Christus, der bereit war, für die Menschen ein Opfer zu bringen. Der **Altar** steht als Bindeglied zwischen Gott, dem Vater, und den Menschen.

Das **Kreuzzeichen** meint: Ich gehöre ganz zu Gott. Mein ganzer Körper steht unter seinem Segen. In seinem Namen soll alles geschehen. Das Kreuzzeichen kann auf zwei Weisen geschehen: Entweder berührt man sich mit der rechten Hand an der Stirn, der Brust, der linken und dann an der rechten Schulter, oder man zeichnet auf Stirn, Mund und Brust mit dem Daumen der rechten Hand jeweils ein Kreuz. Beide Formen werden gebraucht. Wer sich einmal mit ausgebreiteten Armen hinstellt, wird feststellen: Der Mensch ist in seinem Körperbau ein Kreuz.

+ ist Verkündigung der 2 fundamentalen Wahrheiten des Christentums: 1) der dreifaltige Gott (V., Sohn, Hl.G.) 2) der Erlösertod Christi am Kreuz (≙ Kreuzzeichen)

In der Eucharistiefeier begegnen wir Gott unmittelbar. Deshalb ist es wichtig, alles hinter uns zu lassen, was uns von Gott trennt. Wenn wir Schuld auf uns laden, schieben wir einen Keil zwischen Gott und uns selbst. Die biblische Geste des **An-die-**

gesündigt in Gedanken, Worten und Werken *(alle schlagen an die Brust)* durch meine Schuld, durch meine Schuld, durch meine große Schuld. Darum bitte ich die selige Jungfrau Maria, alle Engel und Heiligen und euch, Brüder und Schwestern, für mich zu beten bei Gott, unserem Herrn.

P Der allmächtige Gott erbarme sich unser. Er lasse uns die Sünden nach und führe uns zum ewigen Leben.

A Amen.

oder

P Erbarme dich, Herr, unser Gott, erbarme dich.

A Denn wir haben vor dir gesündigt.

P Erweise, Herr, uns deine Huld.

A Und schenke uns dein Heil.

P Nachlass, Vergebung und Verzeihung unserer Sünden gewähre uns der allmächtige und barmherzige Herr.

A Amen.

Kyrie

P/A Kyrie eleison.

P/A Christe eleison.

P/A Kyrie eleison.

oder

P/A Herr, erbarme dich (unser).

P/A Christus, erbarme dich (unser).

P/A Herr, erbarme dich (unser).

Brust-Schlagens soll uns innerlich erschüttern, damit wir fortan auf Gottes Stimme hören. Jeder Mensch bringt etwas mit in den Gottesdienst, was auf ihm lastet. In der Bergpredigt des Matthäusevangeliums mahnt Jesus: „Wenn du deine Opfergabe zum Altar bringst und dir dabei einfällt, dass dein Bruder etwas gegen dich hat, so lass deine Gabe dort vor dem Altar liegen; geh und versöhne dich zuerst mit deinem Bruder, dann komm und opfere deine Gabe" (Mt 5,24f). Unser Alltag ragt natürlich auch in die Feier der Eucharistie mit hinein. In diesem Moment des sogenannten Bußaktes soll das, was uns an Schuld aus unserem alltäglichen Leben belastet, auf die Seite geschoben werden. Gott nimmt uns an, auch wenn wir uns immer wieder von ihm abwenden. Gerade das kommt zum Ausdruck, wenn der Priester die Vergebungsbitte spricht: „Der allmächtige Gott erbarme sich unser." Die Barmherzigkeit Gottes ist seine ganz wesentliche Eigenschaft.

→ kann Akt der vergebend/wirksamen Reue über "lässliche Sünden" sein; schwere Sünden jedoch müssen gebeichtet werden, sonst darf man nicht die Kommunion empfangen

---

Der uralte, dreimalige Ruf stammt noch aus der griechischsprachigen Liturgie und kennzeichnet Jesus Christus als den wahren, barmherzigen Herrscher der Welt. Er erinnert aber auch an den Blinden in Jericho, der um das Erbarmen Jesu schrie, damit er von seiner Blindheit geheilt werde. Wir können also sozusagen auch um die Heilung unserer blinden Herzen bitten.

+ 3 Rufe symbolisieren die Allerheiligste Dreifaltigkeit (wir haben einen dreifaltigen Gott, d.h. einen Gott in 3 Personen!)

Gloria

Ehre sei Gott in der Höhe
und Friede auf Erden den Menschen seiner Gnade.
Wir loben dich,
wir preisen dich,
wir beten dich an,
wir rühmen dich und danken dir,
denn groß ist deine Herrlichkeit:
Herr und Gott, König des Himmels,
Gott und Vater, Herrscher über das All,
Herr, eingeborener Sohn, Jesus Christus.
Herr und Gott, Lamm Gottes,
Sohn des Vaters,
du nimmst hinweg die Sünde der Welt:
erbarme dich unser;
du nimmst hinweg die Sünde der Welt:
nimm an unser Gebet;
du sitzest zur Rechten des Vaters:
erbarme dich unser.
Denn du allein bist der Heilige,
du allein der Herr,
du allein der Höchste:
Jesus Christus,
mit dem Heiligen Geist,
zur Ehre Gottes des Vaters. Amen.

Tagesgebet

P Lasset uns beten.
Der Priester spricht das Tagesgebet.
A Amen.

An besonderen Tagen singt oder spricht die Gemeinde den großen Lobgesang auf Gott, das Gloria. Jeder ist ein Geschöpf Gottes; das Gloria ist ein Ausdruck für unsere Dankbarkeit. Es erinnert uns auch an den Gesang der Engel bei der Geburt Christi. Das Gloria hat eine lange Geschichte. Seit vielen hunderten von Jahren gehört es nun zum „Ordinarium" der heiligen Messe, also zu den Texten, die in der Messfeier üblicherweise gesungen werden. Deshalb ist es auch zusammen mit den anderen Teilen des Ordinariums von vielen Komponisten in der Geschichte der Kirchenmusik vertont worden. Zum sogenannten Ordinarium der Messe, also zu den Hauptgesängen, die in jeder Messfeier gleich sind und sich nicht nach dem jeweiligen Tag richten, gehören das Kyrie, eben das Gloria, das Credo, das Sanctus mit dem Benedictus (das teilweise in komponierten Messen ein eigenes Musikstück ist) und das Agnus Dei. (=> sind in etwa der Form auch in der "alten Messe" zu finden)
Die Musik hat im Gottesdienst eine wesentliche Bedeutung. Von den frühen einstimmigen Gesängen im Gottesdienst, dem „Gregorianischen Choral", bis zum modernen Geistlichen Lied haben Menschen immer wieder den Musikgeschmack ihrer Zeit in den Gottesdienst mit eingebracht, um so Gott ihr Lob zu singen.

-> wobei das Ziel ist Gott zu loben, zu ehren und anzubeten, sowie seinen Geist/seine Seele zu Ihm zu erheben (wofür nicht jede Musikrichtung gleich geeignet ist!)

Für jeden Tag gibt es ein eigenes Gebet, das an dieser Stelle der Messfeier gesprochen wird. Hier kommen verschiedene Anliegen der Gemeinde zum Tragen.

WORTGOTTESDIENST

Erste Lesung

Der Lektor trägt die erste Lesung aus dem Alten Testament vor. Danach spricht er:

L Wort des lebendigen Gottes.

A Dank sei Gott.

Zwischengesang

Der Kantor trägt einen Antwortpsalm vor, bei dem die Gemeinde den Kehrvers übernimmt.

Zweite Lesung

Nun wird vom Lektor die zweite Lesung aus dem Neuen Testament vorgetragen. Er spricht danach wieder:

L Wort des lebendigen Gottes.

A Dank sei Gott.

Halleluja

Evangelium

Der Priester betet kurz still um den Segen Gottes, bevor er das Evangelium verkündet. Verkündet ein

An festlichen Tagen werden zwei Lesungen, an den anderen Tagen wird eine Lesung aus der Bibel vorgetragen. Die Lesungen erzählen von der Geschichte Gottes mit den Menschen. Der Text in einer Messfeier ist nur ein Abschnitt eines biblischen Buches, der natürlich in einen größeren Zusammenhang gehört.

(Kehrvers ist ein immer wiederkehrender Vers, den man hier quasi als Antwort Refrain singt)

Die erste Lesung stammt meistens aus dem Alten Testament, in der Osterzeit ist sie aus der Apostelgeschichte genommen. Die zweite Lesung hingegen ist normalerweise aus den Briefen des Neuen Testaments oder der Offenbarung des Johannes. An den Sonntagen bezieht sich die erste Lesung oft auf den Evangelientext und bringt eine parallele Erzählung aus dem Alten Testament.

Vor dem Evangelium wird das Halleluja (hebr.: Preist den Herrn) gesungen oder gesprochen. Das Halleluja verleiht dem Höhepunkt des Wortgottesdienstes, dem Evangelium, außerhalb der Fastenzeit einen festlichen Rahmen. x eigentlich: "gelobt sei JHWH" ↳ hebräischer Gottes-Name ("Jahweh")

Alle stehen als Zeichen der Bereitschaft. Denn wer steht, kann sofort losgehen, um seinen Auftrag zu erfüllen.
Das heißt, dass Jesus in seinem Geist zu uns und dem Verkün-

Diakon das Evangelium, bittet er den Priester um dessen Segen.

P Der Herr sei mit euch.

A Und mit deinem Geiste.

P Aus dem heiligen Evangelium nach N. *(= Matthäus, Markus, Lukas oder Johannes)*

A Ehre sei dir, o Herr.

Wir bezeichnen uns dabei auf Stirn, Mund und Herz mit dem Kreuzzeichen.

Nach dem Evangelium spricht der Priester:

P Evangelium unseres Herrn Jesus Christus.

A Lob sei dir, Christus.

Danach küsst der Priester das Buch.

Predigt

Glaubensbekenntnis

(kann gesungen oder gesprochen werden)

A Ich glaube an Gott,
den Vater, den Allmächtigen,
den Schöpfer des Himmels und der Erde,
und an Jesus Christus,
seinen eingeborenen Sohn, unsern Herrn,
empfangen durch den Heiligen Geist,

der des Evangeliums kommt, um sein Wort in unser Leben einkehren und in ihm verwirklichen zu lassen.
Wir wollen das Evangelium „bedenken" (Stirn), „verkünden" (Mund) und „bewahren" (Herz). => uns vollkommen durchdringen lassen von dem Wort Gottes
Besondere Zeichen wie Kerzen, der Kuss des Buches oder Weihrauch heben die Wichtigkeit des Lebens Jesu, des Sohnes Gottes, und seines Wortes hervor.

-> Weihrauch ist ein Zeichen der Göttlichkeit, wenn etw. beweihräuchert (inzensiert) wird, dann weil Gott/Christus darin wohnt/besonders gegenwärtig ist => Akt der Verehrung (ein Begriff, der auf Jesus ganz besonders zutrifft)
+ soll ihm Wohlgefällig sein & unsere Gebete vor seinen Thron bringen (jeweils biblische Belege)

Die Predigt dient dazu, das, was in der Heiligen Schrift verkündet wird, mit dem Leben der Mitfeiernden in Verbindung zu bringen. Sie soll uns helfen, das Evangelium im „Heute", im Alltag, umzusetzen. Der Prediger will mit seinen Worten den Glauben der Mitfeiernden stärken, ihnen das Gefeierte näher bringen und den Menschen Trost spenden. + ermahnen & im Glaubensleben unterweisen
Jesus selbst hat gepredigt (vgl. Lk 4,20ff), und auch die Apostel predigten (vgl. Apg 13,15ff).

Dieses Glaubensbekenntnis wurde bei unserer Taufe und Firmung gesprochen. Durch das Credo erneuern wir das Taufversprechen.
Ich bekenne mich zu den Säulen meines Glaubens, jenen Glauben, der Milliarden von Menschen eint und über Jahrhunderte besteht. Die beiden Glaubensbekenntnisse, das „Apostolicum" (das üblicherweise bei uns in Deutschland gebetet wird) und

geboren von der Jungfrau Maria,
gelitten unter Pontius Pilatus,
gekreuzigt, gestorben und begraben,
hinabgestiegen in das Reich des Todes,
am dritten Tage auferstanden von den Toten,
aufgefahren in den Himmel;
er sitzt zur Rechten Gottes, des allmächtigen Vaters;
von dort wird er kommen,
zu richten die Lebenden und die Toten.
Ich glaube an den Heiligen Geist,
die heilige katholische Kirche,
Gemeinschaft der Heiligen,
Vergebung der Sünden,
Auferstehung der Toten
und das ewige Leben.
Amen.

Fürbitten

Beispiel:

V Christus, höre uns.
A Christus, erhöre uns.

(ausführlicher und m.E. wichtiger für heute, weil Leute sich vielen darin nicht mehr sehr bewusst sind)

das „Nizäno-Constantinopolitanum“ sind beide schon über 1600 Jahre alt.

Wer diese Glaubensbekenntnisse spricht, stellt sich damit also in eine ganz lange Reihe von Menschen, die auf Gott vertraut und ihm ihr Leben übergeben haben. Es lohnt sich, immer wieder einmal das „Credo“ bewusst nachzulesen und sich die einzelnen Sätze genau anzusehen.

+ lohnt sich auch das Credo zu beten! (man stimmt nicht nur aller von Gott geoffenbarten Wahrheit zu, sondern [illegible] sich ja auch an dieser [illegible] gewissermaßen zurück)

+ Credo, das Bekennen des Glaubens, ist auch als Antwort auf die vorher in der Lesung etc. geschehene Offenbarung / Mitteilung Gottes zu verstehen (wir antworten [illegible] mit Glauben)

In diesem Teil der hl. Messe werden die Nöte der Welt und der Kirche vor Gott getragen. Ein Laie spricht diese stellvertretend für alle Mitfeiernden laut aus. Die Antworten auf jede Bitte können unterschiedlich sein.

In der Stille meines Herzens kann ich aber auch meine persönlichen Bitten Gott bringen.

EUCHARISTIEFEIER

Gabenbereitung

Wenn die Gaben zum Altar gebracht worden sind, setzen sich alle.

Der Priester hält die Schale mit dem Brot empor und betet:

P Gepriesen bist du, Herr, unser Gott, Schöpfer der Welt. Du schenkst uns das Brot, die Frucht der Erde und der menschlichen Arbeit. Wir bringen dieses Brot vor dein Angesicht, damit es uns das Brot des Lebens werde.

A (Gepriesen bist du in Ewigkeit, Herr, unser Gott.)

Die Gabenbereitung endet mit der Händewaschung durch den Priester. Er kann dann die Gemeinde zu einem kurzen Gebet auffordern:

P Betet, Brüder und Schwestern, dass mein und euer Opfer Gott, dem allmächtigen Vater, gefalle.

A Der Herr nehme das Opfer an aus deinen Händen zum Lob und Ruhm seines Namens, zum Segen für uns und seine ganze heilige Kirche.

Danach spricht der Priester das Gabengebet, z. B.:

P Herr, unser Gott, wir bringen das Brot dar, das aus vielen Körnern bereitet, und den Wein, der aus vielen Trauben gewonnen ist. Schenke deiner Kirche, was die Gaben geheimnisvoll bezeichnen: die Einheit und den Frieden. Da-

Die Gaben, die zur Eucharistiefeier nötig sind, Brot und Wein, werden zum Altar gebracht. Jesus selbst hat mit Brot und Wein beim letzten Abendmahl diese Feier eingesetzt. Der Priester spricht (leise) Gebete, in denen er für die Gaben dankt. Er mischt den Wein mit Wasser. Wein und Wasser stehen dafür, dass Jesus Christus Gott und Mensch zugleich ist.
Ein spezielles weißes Tuch, das Korporale, liegt auf dem Altar, auf dem der Kelch und die Hostienschale stehen. Das Korporale soll später winzige Teilchen der Hostien, in denen Jesus gegenwärtig ist, auffangen, damit diese nicht verloren gehen.

Zur Händewaschung betet der Priester: „Herr, wasch ab meine Schuld, von meinen Sünden mache mich rein."
Dieser Satz stammt aus dem großen Bußpsalm 51; der Priester lässt alles hinter sich, was ihn hindert, jetzt ganz bei der Feier am Altar da zu sein. Das Händewaschen ist ein ausdrucksstarkes Zeichen: Vieles könnte noch an seinen Händen „kleben", er bittet um Befreiung von all dem.
Das Gabengebet wechselt von Messfeier zu Messfeier wie auch das Tages- und das Schlussgebet. In diesem Gebet werden Gott die Gaben Brot und Wein empfohlen. Meistens ist darin auch eine Bitte enthalten, dass die Gläubigen wie die Gaben auf dem Altar verwandelt und erneuert werden.
Während der Gabenbereitung wird oft Geld gesammelt, das kirchlichen Hilfswerken oder der konkreten Pfarrei zugutekommt (Kollekte).
Das „Opfer" der Gemeinde hat eine lange Tradition. Teilen ist

rum bitten wir durch Christus, unseren Herrn.
A Amen.

Eucharistisches Hochgebet

Der Priester betet stellvertretend für die ganze Gemeinde. Dies bekräftigen alle mit einem „Amen" am Schluss.

P Der Herr sei mit euch.
A Und mit deinem Geiste.
P Erhebet die Herzen.
A Wir haben sie beim Herrn.
P Lasset uns danken dem Herrn, unserm Gott.
A Das ist würdig und recht.

Anschließend betet oder singt der Priester die Präfation (lat.: Vorrede), die Einleitung zum Hochgebet.

Sanctus *(lat.: Heilig)*

Nun wird ein dreifaches „Heilig" zu Ehren der Dreifaltigkeit – Gott des Vaters, des Sohnes und des Hl. Geistes – gesungen oder gesprochen.

A Heilig, heilig, heilig Gott, Herr aller Mächte und Gewalten.
Erfüllt sind Himmel und Erde von deiner Herrlichkeit.
Hosanna in der Höhe.
Hochgelobt sei, der da kommt im Namen des Herrn.
Hosanna in der Höhe.

eine der größten christlichen Tugenden. Außerdem kann es ein Symbol dafür sein, dass wir einen Teil von uns selbst zum Altar geben. => absolut! Wir wollen uns mit dem Opfer Jesu vereinen

---

„Hoch" steht wie z. B. in „Hochzeit" für „besonders wichtig" bzw. „wertvoll".
Mit einem dreimaligen Zuruf an die Gemeinde beginnt die Präfation. Der Priester ruft die Mitfeiernden dazu auf, ihre Herzen zu erheben, also sich ganz auf das Gebet und die Gegenwart Gottes in der Liturgie zu konzentrieren. Die Präfation bringt in einem Lobgebet die Dankbarkeit der Menschen für das Handeln Gottes zum Ausdruck. Sie kann auch das Fest, das gefeiert wird, zum Inhalt haben.

Der Text stammt aus dem Alten Testament (Jes 6,3; Ps 118,26). Das Wort „Hosanna" (hebr.) ist ursprünglich ein Hilferuf („Hilf doch") und wurde später, beispielsweise beim Einzug Jesu in Jerusalem, zum Jubelruf.
Das „Sanctus" ist wie viele andere Gebete der Messfeier ein Glaubensbekenntnis. Wer es singt oder spricht, unterstreicht damit: Gott ist der Heilige, der, dem die Ehre gebührt. Die „Herrlichkeit" ist sozusagen die „Eigenschaft Gottes", und von dieser sind Himmel und Erde erfüllt – er ist auf der Erde wie im Himmel erfahrbar. => d.h. 1.) alles "erzählt" von ihm und wie (wunderbar bzw. gut, schön, wahr) er ist und 2) er ist wirklich persönlich überall gegenwärtig und direkt erfahrbar

Das Zentrum des Hochgebetes ist der sogenannte Einsetzungsbericht, die Wandlung. Die Wandlungsworte beginnen mit:

P Denn am Abend, an dem er ausgeliefert wurde ...

Das bestätigt die Gemeinde, indem sie betet:

P Geheimnis des Glaubens:

A Deinen Tod, o Herr, verkünden wir, und deine Auferstehung preisen wir, bis du kommst in Herrlichkeit.

Das Hochgebet schließt mit der Doxologie, dem großen Lobpreis:

P Durch ihn und mit ihm und in ihm ist dir, Gott, allmächtiger Vater, in der Einheit des Heiligen Geistes alle Herrlichkeit und Ehre jetzt und in Ewigkeit.

A Amen.

Vater unser

Der Priester lädt zum „Vater unser" ein, z. B.:

P Wir heißen Kinder Gottes und sind es.
Darum beten wir voll Vertrauen:

A Vater unser im Himmel,
geheiligt werde dein Name.
Dein Reich komme.
Dein Wille geschehe, wie im Himmel so auf Erden.
Unser tägliches Brot gib uns heute.
Und vergib uns unsere Schuld,
wie auch wir vergeben unsern Schuldigern.
Und führe uns nicht in Versuchung,
sondern erlöse uns von dem Bösen.

Das Brot (Hostie) und anschließend der Kelch mit Wein und Wasser werden nach den Einsetzungsworten zur Verehrung gezeigt. Bei der Feier der Eucharistie werden Leben, Tod und Auferstehung Jesu Christi für uns gegenwärtig.
Es gibt mehrere verschiedene Hochgebete im Messbuch. Sie alle beinhalten das Gebet um die Einheit der Kirche, für die Lebenden und die Toten. Das erste Hochgebet, der „Römische Messkanon“, ist die Übersetzung des alten lateinischen Hochgebets der katholischen Liturgie; das zweite orientiert sich an einer sehr alten Vorlage, das dritte lehnt sich ebenfalls an den römischen Kanon an, und das vierte bringt Elemente aus den „Anaphora“ der byzantinischen Liturgien, also aus ostkirchlichen Riten. Das Hochgebet wird auch „Kanon“ genannt, was so viel wie „Richtschnur“ bedeutet; es ist das festgelegte hohe und wichtige Gebet der Messe, das die Anliegen der Menschen bündelt und vor Gott trägt.

Das „Vater unser“ ist das Gebet der Kinder Gottes. Jesus selbst hat es seine Jünger gelehrt (Mt 6,8-13; Lk 11,1-4). Es wird von allen Christen in den unterschiedlichen Konfessionen gebetet und ist auch in Teilen im jüdischen „Kaddish“-Gebet enthalten. Wir bitten auch um das Brot für das ewige Leben, um Befreiung von unserer Schuld, dem Bösen in und um uns. Dabei schließen wir auch die Personen ein, die uns Leid zugefügt haben, um mit Gottes Kraft zu vergeben.
Dieses Gebet vereint alle christlichen Gemeinden miteinander, keine Konfession spricht es nicht. Hier steht es an besonders herausragender Stelle: Es ist die Vorbereitung darauf, dass Jesus sich dem Einzelnen im Kommunionempfang gleich schenken wird.

P Erlöse uns, Herr, allmächtiger Vater, von allem Bösen und gib Frieden in unseren Tagen. Komm uns zu Hilfe mit deinem Erbarmen und bewahre uns vor Verwirrung und Sünde, damit wir voll Zuversicht das Kommen unseres Erlösers Jesus Christus erwarten.

A Denn dein ist das Reich und die Kraft und die Herrlichkeit in Ewigkeit. Amen.

Friedensgruß

P Der Friede des Herrn sei allezeit mit euch.

A Und mit deinem Geiste.

P Gebt einander ein Zeichen des Friedens und der Versöhnung.

Die Gläubigen können sich die Hände reichen mit den Worten:

A Der Friede sei mit dir.

Agnus Dei (lat.: Lamm Gottes)

Der Priester zerbricht die große Hostie zum Zeichen, dass sich Jesus für uns am Kreuz „zerbrach" und dass alle von demselben Brot essen und an dem einen Leib Christi teilhaben. Währenddessen singt oder betet die Gemeinde:

A Lamm Gottes, du nimmst hinweg die Sünde der Welt: erbarme dich unser.
Lamm Gottes, du nimmst hinweg die Sünde der Welt: erbarme dich unser.
Lamm Gottes, du nimmst hinweg die Sünde der Welt: gib uns deinen Frieden.

↳ im alten Ritus hat man sich immer beim Wort unser uns an die Brust geschlagen, was finde ich ein schönes & passendes Zeichen ist – es wird deutlich, dass hier keiner ausgenommen wäre...

Das „Vater unser" erinnert an die Abba-Anrede Jesu an den Vater: Er bezeichnet Gott als seinen Papa. Mit diesem Gebet drücken wir aus: Wir haben kindliches Vertrauen zum väterlichen Gott.

[erste 3 Bitten zielen auf die Ehre Gottes, die anderen 4 auf das Wohl der Menschen; alle 6 nachfolgenden Bitten fließen quasi aus der ersten => alles Wesentliche ist hierin zsm.gefasst!]

Der Priester betet um den Frieden. Diesen Frieden, der aus der Gegenwart Gottes in der Eucharistie kommt, spricht er der Gemeinde zu. Diesen Frieden mit Gott können die Gläubigen sich anschließend auch gegenseitig wünschen.

[sich gegenseitig den Friedensgruß zu geben ist optionaler Bestandteil dieser Liturgie]

Ein kleines Stück der Hostie wird zum Blut Christi in den Kelch gegeben. Die Einheit von Leib und Blut Christi kommt dadurch zum Ausdruck. Jesus ist durch seine Auferstehung mit Leib und Blut der Lebendige unter uns.ˣ Außerdem ist es ein Zeichen der Einheit aller, die an der Eucharistiefeier teilnehmen – hier wie in allen anderen Kirchen auf der ganzen Welt. Dieses kleine Stück Brot ist ein Sinnbild für die vielen kleinen Brotstücke, die überall bei der Eucharistie ausgeteilt werden. [=> eine neumodische Deutung]

x => es stellt v.a. die Zusammenführung von Leib und Seele bei seiner Auferstehung dar!

Einladung zur Kommunion

Der Priester hält ein Stück der Hostie über der Schale in die Höhe und spricht:

P Seht das Lamm Gottes, das hinwegnimmt die Sünde der Welt.

A Herr, ich bin nicht würdig, dass du eingehst unter mein Dach, aber sprich nur ein Wort, so wird meine Seele gesund.

Kommunionempfang

Die Gläubigen gehen zum Empfang der Kommunion nach vorn zum Altar.

P Der Leib Christi.

A Amen.

Schlussgebet

Nun spricht der Priester das Schlussgebet, z. B.:

P Lasset uns beten. Barmherziger Gott, du hast uns alle mit dem Brot vom Himmel gestärkt. Erfülle uns mit dem Geist deiner Liebe, damit wir ein Herz und eine Seele werden. Darum bitten wir durch Christus, unseren Herrn.

Wir bekräftigen dies:

A Amen.

Johannes der Täufer ist es, der mit dem Wort „Seht das Lamm Gottes, das die Sünde der Welt hinwegnimmt“ auf Jesus hinweist (Joh 1,29). Dieser Satz wird hier zitiert. Wer die gebrochene Hostie sieht, kann im Glauben erkennen: Das ist Jesus, der sich wie ein Opfertier, das Lamm eben, für die Menschen verschenkt. – in der alten Liturgie schlägt man sich bei "Herr" an die Brust (Reue, Erschütterung...) und hat es auch 3x gebetet

---

Beim Empfang der hl. Kommunion erkennen wir an, Jesus selbst, Gottes Sohn, gegenwärtig im Brot,* zu empfangen. Gleichzeitig bringen wir zum Ausdruck, dass wir zur katholischen Kirche, zur Gemeinschaft derer, die miteinander von diesem Brot essen, gehören. Jedes Mal müssen wir uns deshalb fragen: Passt meine Lebensführung zu diesem Geschenk? x

---

Im Schlussgebet dankt die Gemeinde für die Einladung an den Tisch des Herrn und bittet um den Segen Gottes. Das Schlussgebet ist je nach Tag verschieden. Die drei „Orationen“ der Messe, also das Tages-, Gaben- und Schlussgebet, kann der Priester sprechen oder singen. Bei sehr feierlichen Gottesdiensten ist es üblich, diese Gebete zu singen.

→ sollte man sich die Zeit dafür nehmen! in einem Rahmen begegnen, alles erzählen, ihn anbeten... in so direkter Begegnung wie sonst NIE!

→ beim Gang zur Kommunion ganz auf das Große einstellen und dafür bereiten!

---

x [es empfiehlt sich die offiziell gewünschte kniende Mundkommunion] Wir empfangen hier Christus, Gott, selbst der uns so nah kommt und mit uns vereinigt werden möchte. Er kommt in unsere Seele und verwandelt uns in sich – ist ca. 15 min gegenwärtig. Ich kann ihm hier in ganz persönlicher Weise in diesem sehr

* ist eigentlich falsch: es handelt sich seit der Wandlung nicht mehr um Brot, sondern Christus, unter der Gestalt des Brotes!

ENTLASSUNG

Vermeldungen	*Hier können Ansagen über weitere Veranstaltungen, Gottesdienste etc. gemacht werden.*
Segen	P Der Herr sei mit euch. A Und mit deinem Geiste. P Es segne euch der allmächtige Gott, der Vater + und der Sohn und der Heilige Geist. *(Hier sind auch andere Segensworte möglich.)* A Amen.
Sendung/ Entlassung	P Gehet hin in Frieden. A Dank sei Gott dem Herrn.
Auszug	

Wir empfangen Gottes Segen durch den Priester. Der Segen ist sozusagen das „sichere Zusagen des Guten". Es ist nicht nur ein guter Wunsch wie „alles Gute", „mach es gut", sondern durch die Segenszusage wird dem Einzelnen der Segen Gottes mitgegeben. Segnen und Segen empfangen haben in der Bibel und in der Tradition der Kirche eine ganz große Bedeutung.

Der Entlassruf ist gleichzeitig die Sendung: Das „Gehet hin in Frieden"ˣ entsendet die Gemeinde hinaus in die Welt. Jetzt ist die Messfeier beendet, es kommt darauf an, das Leben nun nach dem Gefeierten zu gestalten und den Mitmenschen die Botschaft von der Liebe Gottes weiterzusagen.

x wörtl. vom Lateinischen heißt es "gehet hin, ihr seid gesendet"

Der Priester küsst wie zum Beginn des Gottesdienstes den Altar und zieht dann nach einer Kniebeuge gemeinsam mit dem Altardienst aus der Kirche aus. Das ist ein Zeichen dafür, dass alle durch die Messfeier in die Welt gesandt sind, um Zeuginnen und Zeugen für die Frohe Botschaft von Jesus, dem Christus, zu sein.

+ Es empfiehlt sich nun eine Danksagung für diese Hl. Messe, alles Empfangenen und der Wohltaten

+ wenn man sich zum gehen wendet, kniet man noch einmal zum Altar/Tabernakel hin, bevor man IHM den Rücken zuwendet

Die Feier der heiligen Messe

Warum feiert man die Messe?

Zuerst muss man da sagen: Weil es Jesus so wollte. Die Evangelien berichten von der „Einsetzung der Eucharistie“ durch Jesus. Dies tun vor allem die Evangelien nach Matthäus, Markus und Lukas; bei Johannes sieht der Bericht etwas anders aus, dort wird die Fußwaschung berichtet (vgl. Mt 26, 26-29; Mk 14,22-25; Lk 22,14-20 sowie Joh 13,1-20). Außerdem findet sich der älteste Bericht von der Einsetzung der Eucharistie im ersten Korintherbrief: „Denn ich habe vom Herrn empfangen, was ich euch dann überliefert habe: Jesus, der Herr, nahm in der Nacht, in der er ausgeliefert wurde, Brot, sprach das Dankgebet, brach das Brot und sagte: Das ist mein Leib für euch. Tut dies zu meinem Gedächtnis! Ebenso nahm er nach dem Mahl den Kelch und sprach: Dieser Kelch ist der Neue Bund in meinem Blut. Tut dies, sooft ihr daraus trinkt, zu meinem Gedächtnis!“ (1 Kor 11, 23-25) Es ist der Satz: Tut dies zu meinem Gedächtnis, der der tiefste Grund für diese Feier ist. Jesus selbst hat seinen Jüngern und damit uns den Auftrag gegeben, dieses Mahl zu feiern. Es ist das Gedenken an ihn, an sein Leiden, seinen Tod und seine Auferstehung. Paulus schreibt weiter: „Denn sooft ihr von

Der Satz: »Tut dies zu meinem Gedächtnis« ist der tiefste Grund für diese Feier.

↳ "Gedächtnis" meint, anders als wir es heute verstehen, ein wirklich Gegenwärtig-Setzen, d. h. dass wir in dem Geschehen sind und Christi Opfer/er wirklich gegenwärtig wird

diesem Brot esst und aus dem Kelch trinkt, verkündet ihr den Tod des Herrn, bis er kommt" (1 Kor 11,26). Damit ist noch etwas ausgesagt: Die Gemeinde versammelt sich bei dieser Feier, um auf ihren wiederkommenden Herrn zu warten. Damit ist das Feiern der Eucharistie nämlich auch ein Glaubensbekenntnis: Wir vertrauen darauf, dass Jesus wiederkommen wird. Wir wissen, dass dieses Leben nicht alles ist. Wir zeigen, dass es weitergeht.

Außerdem ist die heilige Messe der Ort, an dem wir das Wichtigste empfangen können, was es gibt: den Leib und das Blut Christi. Jesus sagt das selbst. Und er unterstreicht im Johannesevangelium, dass er selbst das Brot ist, das uns die Kraft für ein Leben gibt, das nie mehr vergehen wird: „Ich bin das Brot des Lebens; wer zu mir kommt, wird nie mehr hungern, und wer an mich glaubt, wird nie mehr Durst haben" (Joh 6,35). Kurz vor dieser Stelle wird übrigens berichtet, wie Jesus mit fünf Broten und zwei Fischen fünftausend Menschen speist und alle satt werden, ja sogar noch zwölf Körbe voller Brotstücke übrig bleiben. Das zeigt zum einen, dass Jesus Macht hat, mit dem Brot alle satt zu machen, und zum anderen, dass er mit Brot Unmögliches möglich machen kann. Die Stelle Joh 6 ist meiner Meinung nach ein Schlüssel zum Verständnis der Messe, weil zwischen diesem Speisungswunder und der oben zitierten Brotrede auch noch eine andere Begebenheit erzählt wird, nämlich dass Jesus über das Wasser zu seinen Jüngern gegangen kommt, als sie im Boot über den See fahren. Das beschreibt: Jesus kann nicht nur mit Brot alle satt machen, er gibt nicht nur das Brot, das Leben schenkt, wie er selbst sagt, sein Leib ist auch noch etwas ganz Außergewöhnliches, das die üblichen Dimensionen sprengt: Wie kann er über Wasser gehen? Die Frage ist genauso schwer wie jene: Wie kann er uns seinen Leib zu essen geben? Der Verfasser des Johannesevangeliums sagt hier deutlich: Jesus kann es. Und genau dafür gibt es die Eucharistie, die heilige Messe.

Die Eucharistie ist, so haben es die Bischöfe und Theologen formuliert, die zum Zweiten Vatikanischen Konzil versammelt waren, „Quelle und Höhepunkt des ganzen christlichen Lebens". Aus der Begegnung mit Jesus, der sich in Brot und Wein den Mitfeiernden schenkt, entsteht alles andere: Die Eucharistie baut die Kirche auf, weil sie, die von Paulus als „Leib Christi" bezeichnet wird, den Leib Christi zu sich nimmt: „Ist der Kelch des Segens, über den wir den Segen sprechen, nicht Teilhabe am Blut Christi? Ist das Brot, das wir brechen, nicht Teilhabe am Leib Christi? Ein Brot ist es. Darum sind wir viele ein Leib; denn wir alle haben teil an dem einen Brot." (1 Kor 10,16-17) Aus diesem gemeinsamen Mahl kommt alles andere, was zur Kirche gehört.

Die Eucharistie ist eines der sieben Sakramente, die die katholische Kirche kennt (Taufe, Firmung, Ehe, Weihesakrament, Krankensalbung, Buße und eben Eucharistie). Ein „Sakrament" bedeutet, dass es sich um ein „heilswirksames Zeichen" handelt, dass wir also mit einer Zeichenhandlung etwas ausdrücken, was letztlich eine viel tiefere Bedeutung hat, das wiederum unser Heil wirkt, für uns göttliche Bedeutung hat.

(↳ das Sakrament wirkt aus sich heraus, weil Jesus es so will)

Ein Text, der die Anwesenheit Jesu im eucharistischen Brot beeindruckend beschreibt, ist der Hymnus „Adoro te devote" des Thomas von Aquin. Der mittelalterliche Theologe hat in einem lateinischen Gedicht seine Gedanken beim Gebet vor dem eucharistischen Brot beschrieben. Dieser Text ist eine tiefe Meditation über die Eucharistie.

Die folgende Übersetzung macht das Gebet des großen Theologen auch heute gut verständlich:

Verborgener Gott, ich komme betend zu Dir.
Du bist wirklich da, verborgen in Brot und Wein.
Ich schenke mich Dir mit ganzem Herzen
Und mein Weniges, das ich in Deinem Licht erkenne.

Sehen, Schmecken, Tasten täuschen sich,
aber hörend glaube ich Dir, dass Du es bist.
Dir glaube ich und Deinem Sohn.
Er ist die Wahrheit, wie sie wahrer nicht sein kann.

Am Kreuz war schon sein Gottsein,
hier ist nun auch sein Menschsein
unkenntlich verborgen.
Beides glaube ich im Brot,
und ich rufe wie der gekreuzigte Schächer neben Dir:
Denk an mich, wenn Du in Dein Reich kommst.

Zwar kann ich nicht wie Thomas Deine Wunden sehen,
aber ich möchte doch mit ihm ausrufen:
Mein Herr und mein Gott!
Lass meinen Glauben tiefer,
meine Hoffnung fester,
meine Liebe treuer werden.

Du heilige Erinnerung an den Tod des Herrn,
Lebendiges Brot, Du bringst mir wahres Leben.
Nähre meinen Geist, damit er niemals aufhöre,
sich immer mehr an Dir zu freuen.

Wie der Pelikan bist Du gestorben.
Vergib mir und der ganzen Welt
durch die Verbundenheit mit Deinem Blut
die Schuld, die uns von Dir trennte.

Dich, Herr Jesus, sehe ich verborgen im Sakrament
und bitte Dich, dass Du meine Sehnsucht stillst:
Wenn es einmal so weit ist,
dann lass den Schleier fallen,
damit ich Dich sehe, liebster Herr,
von Angesicht zu Angesicht.
Amen.

Nach Thomas von Aquin

+ man feiert die Eucharistie
(was heute gern ausgelassen
wird in den Erklärungen),
um Gott das ultimative
Opfer darzubringen – welches
in jeder Hl. Messe gegenwärtig
gesetzt wird – das die Erfüllung
aller Opfer des alten Bundes ist und vom
Propheten Maleachi angekündigt wurde (Mal 1,11)
[+ der hl. Paulus schreibt von unserem "Opferaltar" Hebr 13,10

Wie wird die Feier denn genannt?

Was auch noch gut erklärt, worum es in der heiligen Messe geht, ist die Frage, wie man diese Feier denn überhaupt nennt. Aus der Tradition der Kirche gibt es da verschiedene Namen für diesen Gottesdienst. Ein paar sollen hier genannt werden:

Eucharistie bedeutet „große Danksagung“ oder „gute Danksagung“. Es beschreibt also, dass in der Messfeier Gott gedankt wird für all das Große, was er für die Menschen, für seine Schöpfung getan hat – und da besonders für die Menschwerdung und die Erlösung durch Jesus Christus.

Mahl des Herrn beschreibt besonders die Tatsache, dass es sich bei der Feier um das Gedächtnismahl handelt, das Jesus selbst wollte und von dem er sagte: „Tut dies zu meinem Gedächtnis!“

Brotbrechen zeigt, dass Jesus hier einen Ritus aus der jüdischen Tradition übernommen hat, der für die Messfeier eine große Bedeutung erlangt hat. In der Erzählung von den Jüngern von Emmaus berichtet das Lukasevangelium, dass sie Jesus erkannten, „als er das Brot brach" (Lk 24,35). Von der ersten Gemeinde der Christen nach Pfingsten heißt es in der Apostelgeschichte: „Sie hielten an der Lehre der Apostel fest und an der Gemeinschaft, am Brechen des Brotes und an den Gebeten" (Apg 2,42).

Eucharistische Versammlung ist ein Begriff, der vor allem in der östlichen Tradition der Kirche verwendet wird. Das griechische Wort Synaxis für Versammlung beschreibt dabei, dass es ein Zusammentreffen der Gemeinde der Glaubenden ist. Es ist also für die Feier der Eucharistie wichtig, dass sich Menschen miteinander treffen. Und das bedeutet auch, dass diese Feier das Zentrum des Tuns einer christlichen Gemeinde ist.

Gedächtnis des Leidens und der Auferstehung des Herrn unterstreicht noch einmal, dass es sich hier um eine Feier handelt, die ganz deutlich an Jesus und sein Tun erinnert. Damit ist klar: Wer Eucharistie feiert, legt auch gleichzeitig ein Glaubensbekenntnis ab.

Heiliges Opfer sagt, dass mit dieser Feier das Opfer Jesu, also sein Leiden und Tod stellvertretend für alle Menschen, gegenwärtig gesetzt wird. Es ist also nicht nur ein Erinnern an das, was einmal geschehen ist, sondern das, was mit Jesus vor zweitausend Jahren passierte, wird bei jeder Messfeier wieder greifbar. Es wird gegenwärtig. Durch diese Feier wird das wieder erlebbar, was damals auf Golgota bei der Kreuzigung Jesu und dann im Grab bei seiner Auferstehung sich ereignete. Opfer meint nicht, dass wir Brot und Wein Gott opfern – vielmehr ist es das Opfer Jesu, das er ein für alle mal dargebracht hat und das wir immer wieder feiern dürfen (vgl. Hebr 9).

Heilige und göttliche Liturgie wiederum ist ein Name, der unterstreicht, dass diese Feier der Mittel- und Höhepunkt allen christlichen Tuns ist. In der Feier, die wir hier auf Erden begehen, verbinden wir uns mit Gott und mit allen, die bei ihm sind.

Kommunion ist eigentlich genauerhin die Bezeichnung für die Austeilung des eucharistischen Brotes, für den Empfang des Leibes Christi. Oft wird der Begriff aber auch für die Eucharistische Gestalt selbst verwendet; man sagt: „Ich bringe dir die Kommunion." Dieses Wort kommt aus dem Lateinischen und bedeutet „Gemeinschaft". Die Kommu-

nion ist also die Gemeinschaft mit Jesus Christus, dessen Leib wir empfangen dürfen, sie ist aber auch die Gemeinschaft mit allen, die diese Feier gemeinsam begehen, weil sie eben den Leib Christi, die Kirche, aufbaut.
Heilige Messe schließlich heißt sie, weil die Messe mit der Sendung („missio" auf Lateinisch) endet. Die Menschen, die miteinander Eucharistie feiern, werden hinausgesandt in die Welt, um davon anderen erzählen zu können, was ihnen im Glauben geschenkt wurde. Es ist aber auch eine Sendung, weil die Menschen mit Christi Leib gestärkt werden für ihren Alltag.

Vielleicht das Wichtigste: Die Eucharistie ist die Form des Gottesdienstes, in der wir unsere Beziehung zu Gott am besten stärken und ausleben können. Gottesdienst bedeutet zum einen, dass wir einen Dienst an und für Gott tun, aber es meint eben auch, dass Gott einen Dienst an und für uns tut. Die Eucharistie ist das zentrale Tun aller, die eine Beziehung zu Gott führen wollen. Gott wird in dieser Feier direkt gegenwärtig – er ist in den Gestalten von Brot und Wein unmittelbar anwesend. Hier also kann man mit ihm auf besonders intensive Weise zusammen sein, auch wenn Gottes Gegenwart natürlich auf verschiedene andere Arten auch erfahrbar ist. Aber hier ist es besonders intensiv: Wir können Gott in uns aufnehmen. Er gibt sich uns im wahrsten Sinne des Wortes in die Hand. Gott schenkt sich uns selbst und gibt sich uns hin. Wer mit Gott eine Freundschaft, eine Beziehung haben will, der ist hier richtig: Gott tritt in direkten Kontakt mit uns, spricht mit uns im Wortgottesdienst und schenkt sich uns in den eucharistischen Gestalten selbst.

Gott wird in der Eucharistie direkt gegenwärtig.

× außerdem verpflichtet die Kirche alle Katholi[ken] dazu an jedem Sonntag und den hohen Festtagen die Hl. Messe mitzufeiern – ansonsten sündigt man schwer (!) (was leider manche/viele nicht kümmert) ×

Genau deshalb ist es vielen Christinnen und Christen wichtig, regelmäßig in die Messe zu gehen und sie mitzufeiern: Sie pflegen so auf herausragende Weise ihre Beziehung mit Jesus Christus. Hier begegnen wir ihm. Hier nehmen wir ihn in uns auf. Hier „kommunizieren" wir mit ihm. Ich glaube, dass es kein Zufall ist, dass wir das Wort „kommunizieren" in zweifacher Bedeutung verwenden: Zum einen meint es eine Unterhaltung (die auch manchmal ohne Worte auskommen kann, wie man es mit der nonverbalen Kommunikation beschreibt), zum anderen aber eben den Empfang des Leibes und Blutes Christi. Wir unterhalten uns mit Jesus, wenn wir Messe feiern. Wir tauschen uns aus. Wir treten in Beziehung zu ihm. Wir lassen uns von ihm beschenken. Wir bringen ihm unseren Alltag und lassen uns von ihm wieder dorthin zurücksenden.
Die Eucharistie ist eine tiefe Feier, weil sie in die Tiefe unseres Menschseins eintaucht und uns in die Tiefe der Beziehung mit Gott führt. Und sie ist gleichzeitig eine hohe Feier, weil sie uns zur Höhe Gottes emporhebt, weil sie uns ihm näher bringt. Wir gehen mit diesem Gottesdienst auf Gott zu – und er geht auf uns zu.

Warum gibt es verschiedene Körperhaltungen?

Die Feier der Eucharistie ist kein Schauspiel, bei dem man zusieht. Im Gegenteil: Alle, die mitfeiern, sind aktiv dabei (siehe oben). Deshalb sollen sie auch nicht nur einfach in der Bank sitzen und sich anschauen, was da passiert, sondern mit ihrem ganzen Dasein mitvollziehen, was gefeiert wird. Die Körperhaltungen können dabei helfen: Sitzen beim Zuhören, Stehen als Zeichen der Bereitschaft, Knien zur Anbetung, Gehen als Bild des Zugehens auf Gott ... Wer die Messe mitfeiert, stellt sich vor Gott, tritt in eine Beziehung mit ihm ein, spricht mit ihm – und das sozusagen mit Haut und Haar, also eben auch mit den einzelnen Körperhaltungen. Das Falten der Hände zum Gebet beispielsweise zeigt ja auch: Ich konzentriere mich ganz auf dieses Gebet, ich arbeite jetzt nichts, habe im Moment nichts anderes zu tun, bin einfach nur da.

Wer die Messe mitfeiert, tritt in eine Beziehung zu Gott.

Das Ausbreiten der Hände des Priesters bei der so genannten Orantehaltung geht zurück auf die ganz alte Gebetshaltung, die schon in der Antike üblich war, und zeigt: Er erhebt seine Hände zu Gott, spricht mit dem Allerhöchsten.

Also: Die unterschiedlichen Körperhaltungen sind keine sinnlose Gymnastik, keine einfach so erfundene Sache, sie sollen beim Beten helfen – und das ausdrücken, was gerade in der Messe geschieht.

Haltungen im Gottesdienst – Das Sitzen

Wenn der Lehrer in der Schule zu den Schülerinnen und Schülern sagt: „Ich lese euch jetzt eine Geschichte vor!", dann geht eine Veränderung in der Klasse vor: Alle rutschen auf ihren Stühlen umher, setzen sich zurecht und suchen sich die Stellung, in der sie am besten zuhören können. Wenn man dann in ihre Augen schaut, wird man sehr schnell bemerken, dass nun alles auf Zuhören aus ist, sie sind gespannt, kein „ich stehe falsch", „mein Schuh drückt" hindert sie mehr am Zuhören. Auch im Gottesdienstes kennen wir die Haltung des Sitzens. Vor allem begegnet sie uns in der Eucharistiefeier während des ersten Teiles des Wortgottesdienstes, also während der beiden Lesungen und des Antwortpsalms. Und dann sitzen wir wieder, wenn der Priester oder Diakon an den Ambo tritt, um zu predigen. Beide Male soll durch das Sitzen ausgedrückt werden: Ich bin nun bereit zuzuhören, ich sitze, kann mich genau auf das konzentrieren, was mir vorgelesen oder vorgetragen wird.

Sitzen drückt aus: Ich bin bereit zuzuhören.

Lege ich dazu auch noch die Hände in den Schoß, so zeige ich mit dieser Geste, dass ich nun nichts anderes machen möchte, ich habe nichts mit meinen Händen zu tun, kann also ganz und gar zuhören. Das Sitzen ist eine eher aufnehmende Haltung, niemand würde wohl das Sitzen als ein Zeichen für eine große Aktivität oder gar Produktivität halten.

Ähnliches kommt zum Ausdruck, wenn sich die Gemeinde während der Gabenbereitung hinsetzt: Hier ist der einzelne Beter nicht der Handelnde, nun sind Priester, Diakon und Ministranten gefragt, den Altar für die Feier der Geheimnisse vorzubereiten. Die Gemeinde ist in der Rolle des Zuschauers, wartet ab, um dann wieder – stehend – mit dem Priester zu beten.

Ein drittes Mal sitzen wir noch, nämlich nach der Kommunion. Diese Haltung soll eben auch das „ich warte" verdeutlichen; wir warten, bis alle mit ihren Diensten fertig sind und lassen uns die Zeit und die Ruhe zu hören, zu hören auf den, den wir eben in seinem Fleisch und Blut empfangen haben.

Das Sitzen im Gottesdienst hat also eine doppelte Bedeutung: Ich bin nun frei von allem anderen, was ich noch zu tun hätte, und ich bin nun ganz zum Hören disponiert, bin nun vollkommen Hörende oder Hörender.

Wer feiert mit?

Zuerst einmal: Alle! Oft hört man Menschen, die sagen, eine Messe werde „gelesen". Diese alte Formulierung unterstellt, da sei einer, der etwas vorliest, und da seien viele andere, die dasitzen und zuhören. Aber genau das ist eine falsche Vorstellung. Die Eucharistiefeier ist kein Theater, keine Vorlesung und auch keine Veranstaltung, bei der man Publikum ist. Im Gegenteil: Jeder und jede, die bei einer Messfeier dabei sind, sind Mitfeiernde. Die ganze Gemeinde, der ganze Leib Christi, der sich in diesem Gottesdienst mit seinem Haupt Christus in Kontakt bringt, feiert. In der Interpretation des Feierns der Liturgie hat sich ein Begriff eingebürgert, die „tätige Teilnahme" an der Feier des Gottesdienstes. Ich glaube, dass das die Sache gut beschreibt: Egal, welche Rolle ich nun in der Messe habe, ich habe meine Aufgabe. Deshalb ist es auch wichtig, dass die Gemeinde Antworten gibt! Die Messe beginnt schon mit einem Gruß: „Der Herr sei mit euch!", sagt der Priester zu Beginn, und die Gemeinde antwortet darauf mit „Und mit deinem Geiste!" Das Eucharistische Hochgebet, also das wichtigste Gebet in der Messfeier, endet nach der Doxologie, dem großen Lobpreis „durch ihn und mit ihm und in ihm", mit dem Amen der Ge-

In der Messe ist jeder eine feiernde Person.

meinde, die durch dieses Wort all das bestätigt, was vorher gebetet wurde. Jede und jeder ist also feiernde Person in der Messe, es gibt keine Zuschauer oder Zaungäste. Es ist auch nicht so, dass da vorne der Priester eine Messe feiert und man halt einfach dabei ist ...
In der Feier der Eucharistie gibt es verschiedene Aufgaben. Da ist einmal der **Priester**. In seiner Funktion als Vorsteher der Gemeinde (der griechische Begriff „presbyteros", von dem sich das Wort Priester herleitet, heißt eigentlich „Ältester") leitet er die Messfeier. Deshalb hat er auch einen besonderen Sitzplatz in der Kirche, den Vorsteherplatz, den Priestersitz. Der Priester ist derjenige, der in der Feier stellvertretend für die Gemeinde bestimmte Gebete spricht und so zwischen den Gläubigen und Gott steht. Für die Gemeinde handelt er, für die Gemeinde steht er am Altar. Außerdem aber handelt er im Auftrag

und in der Person Jesu Christi. Dieses Tun „in persona Christi" bedeutet, dass er sozusagen Jesus seinen Körper und seine Stimme leiht. Wenn er die Wandlungsworte spricht, dann tut er das für Jesus. Der heilige Augustinus, ein Kirchenvater aus Nordafrika des vierten und fünften Jahrhunderts, hat einmal in der Klärung eines Streits um die Wirksamkeit der Taufe gesagt: Eigentlich sei es nicht der Taufspender, der tauft, sondern es sei immer Christus, der eine Taufe spendet. Genau das Gleiche gilt hier: Christus ist der eigentlich Einladende, für ihn steht der Priester am Altar. Das kommt in einem kleinen Detail besonders zum Ausdruck: Der Priester bekommt die Kommunion nicht von einem anderen gereicht mit dem Wort „Leib Christi" oder „Blut Christi", er nimmt sie sich selbst aus Hostienschale und Kelch, denn es ist eigentlich Christus, der sie ihm reicht. Das Messgewand, das der Priester trägt, zeigt nicht nur, dass er sich für diesen feierlichen Moment der Messe besonders kleidet, um den wichtigen Charakter dieser Feier zu unterstreichen. Es soll vielmehr auch die jeweilige Person des Priesters verhüllen. Der Priester ist nicht wichtig – er tritt dahinter zurück, dass Jesus der eigentlich Handelnde ist.
Eine andere Aufgabe ist die des **Diakons**. Wenn er, der für den Dienst der Kirche an den Armen geweiht ist, bei der Messe anwesend ist, hat er einige Dienste, die er übernimmt. Seine wichtigste und herausragendste ist die Verkündigung des Evangeliums. Das hat auch den Effekt, dass der Priester, der der Feier vorsteht, das Evangelium hört und nicht vorliest. So ist auch er ein Hörer des Wortes, der wie die anderen auch das hört, was Gott in diesem Moment zu allen, aber auch zu jedem einzelnen persönlich, spricht. Der Diakon ist, wie gesagt, für den Dienst der Kirche, vor allem für den Dienst an den Armen,

geweiht. Deshalb stehen in seiner Person die Armen mit am Altar. Immer wieder wurden die armen Schwestern und Brüder als der Schatz der Kirche bezeichnet; hier wird deutlich: Sie gehören ins Zentrum des kirchlichen Tuns. Sein Dienst in der Eucharistiefeier ist ansonsten ein assistierender, so bereitet er etwa den Altar für die Feier der Eucharistie – und er gibt Hinweise an die Gemeinde, fordert sie beispielsweise zum Friedensgruß auf und entlässt sie.

Gibt es außer Priester und Diakon noch andere Dienste in der Messfeier?

Selbstverständlich. Ein weiterer wichtiger Dienst ist der des **Lektors** oder der **Lektorin**: Ausgewählte Personen aus der Gemeinde tragen bei der Messfeier die Lesungen vor. Sie zeigen damit, dass alle Christinnen und Christen berufen sind, das Wort Gottes weiterzutragen und zu verkünden. Ein Lektor hat den Auftrag, den Bibeltext deutlich und gut verständlich vorzutragen und sich deshalb auch immer mehr mit der Heiligen Schrift zu beschäftigen.

Ministranten oder **Messdiener** nennt man die – meist jugendlichen – Mitglieder einer Gemeinde, die am Altar dienen. Sie helfen dem Priester bei der Feier der Messe, halten Bücher, tragen Leuchter, bringen die Gaben zum Altar. Der Dienst des Akolythen ist ein besonderer; diese Person hat den Auftrag, in der Eucharistie spezielle Aufgaben zu übernehmen, die dem Charakter des Sakraments entsprechen. Akolythen im eigentlichen

Sinn sind heute ausschließlich Kandidaten für die Weihe zum Diakon oder Priester, die vom Bischof für dieses Amt eigens beauftragt werden.
Zum Gebet in der Eucharistiefeier gehört schon seit alter Zeit der Gesang wesentlich mit dazu. Deshalb ist auch das Amt des **Kantors** ein ganz wesentliches für die Heilige Messe: Die Person übernimmt die Funktion des Vorsängers, zum Beispiel von Psalmen als Antwort auf die Lesung. Eine Kantorin, ein Kantor gewährleistet die Schönheit der Musik. Kirchenmusik ist ein unverzichtbarer Bestandteil der Eucharistiefeier, weil sie viel von dem transportiert, was hier in Zeichen und Worten dargestellt wird. Sie hilft aber auch, den Gottesdienst feierlicher, ansprechender und lebendiger zu gestalten. Oft wird das Amt des Kantors in unseren Gemeinden vom **Organisten** oder der **Organistin** übernommen. Die Orgel übrigens, die Königin der Instrumente, hat sich als wichtigstes und gängigstes Instrument im Gottesdienst der Kirche etabliert. Sie ist das Kircheninstrument schlechthin. Allerdings dürfen natürlich alle möglichen Instrumente auch in der Kirche gespielt werden.
Schließlich gibt es noch den Dienst der **Kommunionhelferin** oder des **Kommunionhelfers**. Diese Person ist extra vom Bischof beauftragt, bei der Eucharistiefeier in ihrer Heimatgemeinde dem Priester beim Austeilen der heiligen Kommunion in der Messe zu helfen. Oft würde ein Austeilen des eucharistischen Brotes durch den Priester allein viel zu lange dauern, da sind die Kommunionhelfer gefragt. Außerdem haben sie oft auch den Auftrag, kranken und alten Menschen die Kommunion nach Hause zu bringen. Grundsätzlich muss man noch sagen: Jede mitfeiernde Person ist wichtig für die Eucharistiefeier. Es geht aber vor allem darum, dass sich Menschen vor Gott stellen,

Priester!

dass Gott und der Mensch in Dialog treten. Die Liturgie, also das Feiern, das Beten der Gemeinde, hat genau diesen Zweck. Dafür ist sie da. Genau hier liegt ihre große, nicht zu unterschätzende Bedeutung.

Warum das „Allerheiligste"?

Wir nennen die eucharistischen Gestalten von Brot und Wein das „Allerheiligste" (lateinisch: sanctissimum). Damit wird unterstrichen: Das ist wirklich der Leib und das Blut Jesu Christi. Etwas Heiligeres kann es auf der Erde nicht geben. Gott ist da leibhaft gegenwärtig. Im Alten Bund hieß das Innerste des Offenbarungszelts das Allerheiligste, jener Ort, an dem die Bundesurkunde aufbewahrt wurde, also die Tafeln mit den Zehn Geboten (Ex 26,33-34). Später hieß auch der wichtigste Ort im Tempel so. Von diesem Offenbarungszelt leitet sich der Tabernakel in der Kirche her: Er ist das Zelt Gottes unter den Menschen (tabernaculum bedeutet Zelt). Meist ist in ihm wie im Offenbarungszelt des Volkes Israel auch ein Vorhang, der deutlich macht: Hier ist das Allerheiligste, der Ort, an dem Gott wirklich gegenwärtig ist. Deshalb brennt beim Tabernakel auch immer das Ewige Licht, das Zeichen, das darauf hinweist, dass hier das Allerheiligste aufbewahrt wird.

Im Allerheiligsten ist Gott gegenwärtig.

Der Tabernakel ist deshalb ein besonderer Ort der Anbetung Gottes außerhalb der Heiligen Messe. Außerdem werden hier

die Hostien, die bei der Eucharistiefeier nicht an die Menschen ausgeteilt wurden, aufbewahrt. Sie sind vor allem auch für die Kranken gedacht, denen die Kommunion nach Hause, ins Krankenhaus ... gebracht wird.

Kommt die Eucharistie aus der Bibel?

Aber sicher. Oder anders gesagt: Oben ist erwähnt, dass die Evangelien und der 1. Korintherbrief von der Einsetzung der Eucharistie berichten. Aber was dabei auffallen muss: Paulus schreibt in seinem Brief die älteste Überlieferung über die Eucharistie – und leitet das ein mit den Worten: „Ich habe vom Herrn empfangen, was ich euch dann überliefert habe“ (1 Kor

11,23). Paulus beruft sich also auch schon auf eine Tradition, auf eine Überlieferung. Das ist wichtig! Schon bevor die Schriften des Neuen Testaments verfasst wurden und in ihrer heutigen Form im so genannten Kanon gesammelt wurden, haben die Christen Eucharistie gefeiert (vgl. Apg 2,42). Das heißt, dass die Eucharistiefeier die Urform der Verkündigung von Tod und Auferstehung Jesu Christi ist. Dadurch wurde die Botschaft des menschgewordenen Gottessohnes, der stärker als der Tod ist, weitergegeben. ×

> Die Eucharistiefeier ist die Urform der Verkündigung von Tod und Auferstehung Jesu Christi.

Im Alten Testament finden sich viele Stellen, die die Christen schon von Anfang an als Vorausbilder auf die Eucharistie gedeutet haben. Da ist beispielsweise der König und Priester Melchisedek, der Abram entgegen kommt und Brot und Wein aus der Stadt heraus bringt (Gen 14,17-19). Eine andere Begebenheit ist das Pessach- (oder Pascha-)Mahl, das die Israeliten als jenes Mahl bekommen, das ihr Leben rettet (Ex 12,1–20) und bis heute an die Befreiung aus der Sklaverei erinnert.

Wieder ein anderes Urbild ist das Manna, jenes Brot vom Himmel, mit dem die Israeliten in der Wüste vor dem Hungertod bewahrt werden (Ex 16). Viele andere Stellen lassen sich anführen, nicht zuletzt, dass der Geburtsort Jesu, der Ort des Königs David, Betlehem, übersetzt „Haus des Brotes" bedeutet. Auch die Wunder der Brotvermeh-

× ist etw. missverständlich, denn die Eucharistie war ihnen so heilig, dass kein Nichtchrist dabei sein durfte. (noch Jahrhunderte lang) (+ es gab ja Verfolgung!)

rung in den Evangelien weisen auf die Eucharistie hin: Sie beschreiben die Überfülle des sättigenden und damit heilbringenden Brotes, das Jesus an die Menschen austeilt.

Haltungen im Gottesdienst – Das Gehen

„Geht die Uhr noch?" – „Geht es heute Abend um acht Uhr?" Manchmal verrät unsere Sprache etwas von dem, was wir in langem Überlegen erst wieder lernen müssen: Das Wort „gehen" wird in unserem Sprachgebrauch nicht nur für das „einen Fuß vor den anderen setzen" verwendet, sondern durchaus auch für „funktionieren", „den Zweck noch erfüllen", „möglich sein". Und dann gibt es da ja auch noch die Redewendung: „Wie geht es Dir?" Auch diese Frage hat mit dem „Gehen an sich" eigentlich nicht so wirklich etwas zu tun.

Gehen – das wird hier deutlich – ist in unserer Sprache zu einer Umschreibung von etwas anderem geworden: Es hat damit zu tun, dass etwas so ist, wie es zu sein hat, dass etwas seinem Sinn gemäß verwendet werden kann – im weitesten Sinn könnte man wohl sagen, es hat etwas mit dem Leben zu tun. Nun wäre es etwas komisch, vom Leben einer „gehenden Uhr" zu sprechen, aber es ist wohl doch verständlich, was damit gemeint ist.
Woher kommt das, dass das Gehen oft als Sym-

bol für das Leben verwendet wird? Schon seit alten Zeiten ist der Weg ein Bild für das menschliche Leben, das von einem Ausgangspunkt ausgeht und doch auf ein Ziel ausgerichtet ist. Das Leben, das manchmal Steine auf diesem Weg zu überwinden hat, bei dem man manchmal um Kurven zu gehen hat, die man nicht überblicken kann, in dem einem Weggefährten begegnen, die einem mal angenehm, mal sehr unangenehm sind ...
Auch das Evangelium kennt dieses Bild. Im Johannesevangelium nennt sich Jesus sogar selbst den Weg, also die Art und Weise, wie ein Leben gelingen kann.
In unserer Liturgie kommt das Gehen auf ganz vielfältige Weise zum Vorschein. In der üblichen Messfeier ist es schon der Einzug des Altardienstes, also des Priesters und der Ministranten, der einen Weg darstellt. Es soll zeigen, dass der Mensch immer unterwegs ist zu Gott. x „Zum Altar Gottes will ich treten", heißt

x tatsächlich symbolisiert der Priester die ganze Messe über Christus, welcher ja auch durch ihn wirkt, weshalb der Einzug auch das Nahen Christi bedeutet (er kommt ... zu uns) + viele weitere Deutungen möglich

es im Psalm: Stellvertretend für alle Anwesenden tun dies der Priester und die Ministranten. Sie gehen zu dem Ort hin, wo Jesus Christus selbst gegenwärtig wird. Immer wieder sind solche Wege zurückzulegen, die man in der Liturgie als Prozessionen bezeichnet. Vor dem Evangelium geht der Priester (manchmal zusammen mit Ministranten) an den Ambo und zeigt so, wie das Wort Gottes zu den Menschen kommt. Die Liturgie kennt aber auch größere Prozessionen: am Palmsonntag, an Fronleichnam, in den eucharistischen Andachten wie den Maiandachten ... Hier kommt dieses „Auf dem Weg-Sein" der Gemeinde ganz deutlich zum Ausdruck. Mehr noch: Sie ist nicht allein unterwegs; an Fronleichnam beispielsweise trägt sie den Herrn im gewandelten Brot mit sich durch die Straßen.

Der Mensch ist immer unterwegs zu Gott.

Wenn ein Gottesdienstbesucher den Weg zum Kommunionempfang geht, dann vollzieht er im Prinzip genau dieses Bild für sich selbst nach: Er geht aus seiner Bank heraus und auf den Herrn zu. Wenn er ihn im gewandelten Brot empfangen hat, trägt er ihn mit sich wieder zurück. Dieses kurze Gehen eines kleinen Weges kann das ganze Leben symbolisieren. Wie wichtig wäre es, sich das einmal bewusst zu machen!

Und daher kommt es auch, was wir als Ministranten immer gesagt bekommen haben: Geht langsam in der Kirche, damit es würdig aussieht! Das Gehen im Gottesdienst soll vor allem bewusst geschehen; schließlich bringen wir so unser ganzes Leben zeichenhaft mit in den Gottesdienst ein.

Warum läuft die heilige Messe in dieser Form ab?

Der Ablauf der Heiligen Messe hat sich über die Jahrhunderte in der Geschichte der Kirche immer weiter entwickelt. Wir können heute nicht mehr sagen, wie ganz am Anfang Eucharistie gefeiert wurde. Wir wissen aber, dass schon vor Vollendung des Neuen Testaments die Gemeinde immer die Eucharistie miteinander gefeiert hat, dass sie „am Brotbrechen festhielt".
Die Messfeier setzt sich aus zwei großen Teilen zusammen, nämlich dem „Wortgottesdienst" und der eigentlichen „Eucharistiefeier". Eigentlich kann man diese Teile nicht voneinander trennen, sie gehören einfach zusammen. Wir können davon ausgehen, dass schon von Anfang an die Christen so ihre Eucharistie gefeiert haben, dass also die Lektüre der Heiligen Schriften und ihre Auslegung und das Brechen des Brotes zusammenkamen, wenn sich die Gemeinde versammelte. Ein sehr schönes Beispiel dafür ist die Geschichte der Begegnung der beiden Jünger mit dem Auferstandenen auf dem Weg nach Emmaus: In dieser Erzählung wird beschrieben, wie zwei Jünger, Kleopas und ein namenloser, am Ostertag von Jerusalem in das Dorf Emmaus gehen. Dieser Text beschreibt die wesentlichen Elemente der Heiligen Messe: Jesus kommt ins Leben der beiden und geht mit ihnen. Er deutet ihnen den Sinn der Schrift, erschließt ihnen – ausgehend von Mose und den Propheten –, was in der Bibel über ihn geschrieben steht. Und schließlich bleibt er bei ihnen und bricht das Brot mit ihnen, und genau in diesem Moment erkennen sie ihn. Es ist die Kombination aus Schriftlesung und Schrifterklärung mit der Feier des Herrenmahls, die hier deut-

lich beschrieben ist. Die Messfeier nimmt das auf: Sie bringt das Lesen und Deuten der Heiligen Schrift mit dem Brechen des Brotes, mit der Feier der Eucharistie zusammen. Man spricht deshalb auch öfters von den zwei Tischen der Eucharistiefeier, dem Tisch des Wortes und dem Tisch des Brotes. Schon aus dem 2. Jahrhundert haben wir ein Zeugnis über die wesentlichen Teile der Eucharistiefeier, nämlich bei dem Märtyrer Justin, der einem anderen erklärt, was die Christen tun. Er schreibt, dass die Aufzeichnungen der Apostel und die Schriften der Propheten vorgelesen werden, dass es eine Ansprache des Vorstehers gibt, dass Fürbitten gesprochen werden, dass dann Brot und ein Becher mit Wasser und Wein gebracht wird und die Danksagung gesprochen wird. Schließlich berichtet er von der Austeilung der eucharistischen Gaben an die Anwesenden und dass sie auch anderen gebracht werden.

Zur Messe gehören Wortgottesdienst und Eucharistiefeier untrennbar zusammen.

Zur Frage des Ablaufs ist aber noch etwas zu ergänzen: Der Ablauf der Heiligen Messe ist auf der ganzen Erde gleich (wo die Messe in unserem „lateinischen" Ritus gefeiert wird; es gibt noch andere Riten, die sich auf andere Traditionen stützen, und außerdem ist seit einigen Jahren auch die „außerordentliche Form" des Messritus zugelassen, also die Messe, wie sie vor der Liturgiereform des II. Vatikanischen Konzils gefeiert wurde). Die Bücher, in denen die Texte für die Heilige Messe stehen, haben alle ein lateinisches Original, das ihnen zu-

[und wenn sich die deutschen Bischöfe nicht wieder mal gegen Korrekturen sperren, dann hat man auch wirklich überall denselben Text ;-)]

grunde liegt. Alle Übersetzungen werden im Vatikan überprüft. Das zeigt: Die Messfeier ist die Feier der ganzen Kirche. Wo wir auch hinkommen – eine katholische Messe wird immer nach dem gleichen Ritus gefeiert. Natürlich merkt man ihr die verschiedenen Mentalitäten und Gebräuche in den einzelnen Ländern an, aber der Ablauf ist überall gleich. Da zeigt sich, dass die Kirche eben eine katholische, eine weltumfassende, ist.

Die Geschichte der Emmausjünger (Lk 24,13-35)

„Am gleichen Tag waren zwei von den Jüngern auf dem Weg in ein Dorf namens Emmaus, das sechzig Stadien von Jerusalem entfernt ist. Sie sprachen miteinander über all das, was sich ereignet hatte. Während sie redeten und ihre Gedanken austauschten, kam Jesus hinzu und ging mit ihnen. Doch sie waren wie mit Blindheit geschlagen, sodass sie ihn nicht erkannten. Er fragte sie: Was sind das für Dinge, über die ihr auf eurem Weg

miteinander redet? Da blieben sie traurig stehen, und der eine von ihnen – er hieß Kleopas – antwortete ihm: Bist du so fremd in Jerusalem, dass du als einziger nicht weißt, was in diesen Tagen dort geschehen ist? Er fragte sie: Was denn? Sie antworteten ihm: Das mit Jesus aus Nazaret. Er war ein Prophet, mächtig in Wort und Tat vor Gott und dem ganzen Volk. Doch unsere Hohenpriester und Führer haben ihn zum Tod verurteilen und ans Kreuz schlagen lassen. Wir aber hatten gehofft, dass er der sei, der Israel erlösen werde. Und dazu ist heute schon der dritte Tag, seitdem das alles geschehen ist. Aber nicht nur das: Auch einige Frauen aus unserem Kreis haben uns in große Aufregung versetzt. Sie waren in der Frühe beim Grab, fanden aber seinen Leichnam nicht. Als sie zurückkamen, erzählten sie, es seien ihnen Engel erschienen und hätten gesagt, er lebe. Einige von uns gingen dann zum Grab und fanden alles so, wie die Frauen gesagt hatten; ihn selbst aber sahen sie nicht.
Da sagte er zu ihnen: Begreift ihr denn nicht? Wie schwer fällt es euch, alles zu glauben, was die Propheten gesagt haben. Musste nicht der Messias all das erleiden, um so in seine Herrlichkeit zu gelangen? Und er legte ihnen dar, ausgehend von Mose und allen Propheten, was in der gesamten Schrift über ihn geschrieben steht. So erreichten sie das Dorf, zu dem sie unterwegs waren. Jesus tat, als wolle er weitergehen, aber sie drängten ihn und sagten: Bleib doch bei uns; denn es wird bald Abend, der Tag hat sich schon geneigt. Da ging er mit hinein, um bei ihnen zu bleiben. Und als er mit ihnen bei Tisch war, nahm er das Brot, sprach den Lobpreis, brach das Brot und gab es ihnen.
Da gingen ihnen die Augen auf und sie erkannten ihn; dann sahen sie ihn nicht mehr. Und sie sagten zueinander:
Brannte uns nicht das Herz in der Brust, als er unterwegs mit

uns redete und uns den Sinn der Schrift erschloss? Noch in derselben Stunde brachen sie auf und kehrten nach Jerusalem zurück und sie fanden die Elf und die anderen Jünger versammelt. Diese sagten: Der Herr ist wirklich auferstanden und ist dem Simon erschienen. Da erzählten auch sie, was sie unterwegs erlebt und wie sie ihn erkannt hatten, als er das Brot brach."

Warum gibt es denn die Antwort „Und mit deinem Geiste"?

Zuerst einmal: Im Lateinischen Text der Messe heißt es als Antwort auf den Gruß des Priesters „Et cum spiritu tuo". Diese Formel heißt wörtlich übersetzt eben „Und mit deinem Geiste". Das reicht natürlich als Erklärung noch lange nicht aus. Man hat bei der Übersetzung des Messbuchs lange überlegt, wie man es am besten übersetzen könnte; immer wieder gibt und gab es Menschen, die vorgeschlagen haben, doch einfach „und auch mit dir" zu sagen. Das ist natürlich von Haus aus nicht ganz verkehrt, es wäre dann ein „danke, gleichfalls" als Antwort auf das „Der Herr sei mit euch" oder einen anderen Gruß zu Beginn der Messe. Manchmal stören sich Menschen auch an der Formulierung über den Geist – ist denn der Geist, also etwa die Intelligenz des Priesters so hervorzuheben? Aber es meint etwas anderes: Es geht um die Geistgabe, die der Priester (und auch der Diakon, denn dieser verwendet die gleiche Formel zum Gruß bei Wortgottesfeiern) durch die Weihe empfangen hat. Die Antwort „Und mit deinem Geiste" unterstreicht also, dass der Priester nicht aus eigener Kraft sagen kann „Der Herr sei mit euch", sondern dass er dazu von Gott befähigt sein muss. Insofern ist diese Antwort auch ein kleines Glaubensbekenntnis, weil sie ausdrückt: Gott ist hier am Werk, ich bin mir bewusst, dass der Priester durch Gott berufen und befähigt ist, der Feier der Gemeinde vorzustehen.

Wie mache ich am besten mit?

Aktiv. Das ist wohl die beste Umschreibung. Man muss sich in die Feier hineingeben. Immer mehr hineinwachsen. Und einfach ausprobieren. Das geht uns ja bei vielem so: Wenn mir einer erzählt, dass ein bestimmtes Gericht schmeckt, werde ich das erst nachvollziehen können, wenn ich es wirklich probiert habe. Und es weiter probiere, also, wenn ich auf den Geschmack gekommen bin. Learning by doing ist wohl die beste Umschreibung: Man lernt es, indem man es tut. Dabei ist aber eines besonders wichtig: Wir machen die Eucharistie ja nicht selbst, wir nehmen uns da nichts, wir sind Beschenkte, Empfangende. Ich glaube, dass diese Haltung sehr wichtig ist, um in die Feier der Eucharistie, in die Messe, hineinzuwachsen. Außerdem

ist es ganz gut, sich die eine oder andere Sache einmal anzusehen. Sich mal mit dem, mal mit jenem Element der Messfeier auseinanderzusetzen.

Haltungen im Gottesdienst – Das Stehen

Ich habe einige Zeit im Vatikan gearbeitet. Bei den Audienzen und den Gottesdiensten mit dem Papst hat mich dabei immer beeindruckt, wie die Schweizer Gardisten mit der Hellebarde in der Hand während der ganzen Zeremonie an ihrem Platz standen. Das war ein deutliches Zeichen ihrer Bereitschaft: Jeden Moment hätten sie losrennen können, um den Papst zu beschützen.

Das Stehen ist also ein Zeichen der Bereitschaft. Während der Verkündigung des Evangeliums in der Heiligen Messe steht die Gemeinde. Damit bringt sie zum Ausdruck: Wir sind bereit – wir können sofort losgehen, sofort in die Tat umsetzen, was da vorgetragen wird. Wer steht, muss sich nicht erst erheben, er steht parat, gerade so wie ein Kellner, der hinter dem Tisch wartet, um im richtigen Moment sofort das Gewünschte bringen zu können.

Aber das Stehen hat noch eine andere Bedeutung: Es ist die Haltung der Ehrfurcht. Zur Begrüßung steht man in den meisten Fällen auf – man zeigt damit: Es ist mir wichtig, dass du kommst. Du hast Ehre verdient. Es ist mir eine Ehre, dass du da bist. Am Beginn von Gerichtsverhandlungen erhebt man sich und zur Verkündung des Urteils genauso.

> Stehen ist sowohl ein Zeichen der Bereitschaft als auch eine Haltung der Ehrfurcht.

Wir mussten früher in der Schule aufstehen, wenn der Lehrer zur Tür herein kam. Das Stehen zeigt also: Ich weiß, da geschieht jetzt etwas Wichtiges. Deshalb steht man zu Beginn des Gottesdienstes. Deshalb steht man bei den einzelnen Gebeten. Bei Gott stehen zu dürfen, vor ihm stehen zu dürfen, heißt aber auch: Wir können bei ihm bestehen. Er schenkt uns so viel Würde, dass wir uns nicht vor ihn in den Staub werfen müssen, wir dürfen uns erheben. Wir sind zu seinem Abbild geschaffen. Er nimmt uns an. ↳ wobei es trotz aller Würde ob des riesigen Unterschieds zu ihm dennoch sehr angenommen ist

x und in seinem Wort (insbesondere dem Evangelium) kommt nunmal Gott zu uns + zu Beginn der Messe wie gesagt zieht quasi Christus ein, den wir Begrüßen (dabei bietet sich ein Kreuzzeichen an)

Warum macht man das Kreuzzeichen?

Das Kreuzzeichen ist nicht nur ein Element der Messfeier, das an ein paar Stellen vorkommt. Es ist eine ganz gebräuchliche Handlung beim Beten eines Christen. Durch das Kreuzzeichen, bei dem Stirn, Brust und beide Schultern mit der rechten Hand bezeichnet werden, stellt sich der Betende unter das Zeichen des Kreuzes, zeigt also deutlich: Ich bin mit Christus, dem Gekreuzigten (1 Kor 1,23), verbunden. Mein ganzer Körper hat sozusagen mit ihm zu tun, vgl. Gal 3,27: „Ihr alle, die ihr auf Christus getauft seid, habt Christus als Gewand angelegt.“ Eine weitere Deutung, die man immer wieder gerade Kindern beim Erklären des Kreuzzeichens nahe bringt, ist, dass man durch das Sichbezeichnen mit dem Kreuz ausdrückt: Im Denken, im Fühlen und im Handeln will ich ganz Christus gehören. Eine Besonderheit stellt das Kreuzzeichen dar, das üblicherweise vor der Verkündigung des Evangeliums gemacht wird und das in manchen Gegenden die meist benützte Form des Kreuzzeichens ist: Stirn, Mund und Brust werden mit einem kleinen Kreuz bezeichnet. Hier wird es nun wirklich deutlich: In meinem Denken, meinem Reden und in meinem Herzen soll der dreifaltige Gott regieren.

+ am wichtigsten: man stellt sich unter den Schutz Gottes (sichtbare Welt/Handlungen stehen in Verbindung mit der geistl. Realität) und meine Anmerkung auf S. 15

× (Christus) seine Braut (die Kirche) zum "Altar" führen wird (in die himml. Ewigkeit in Seligkeit)

=> der Einzug symbolisiert z.B. auch den Christi in den Himmel, sowie den am Ende der Zeit, wo der Bräutigam ×

Warum gibt es verschiedene Arten des Segens am Schluss der heiligen Messe?

Segnen bedeutet, jemand anderem etwas Gutes zusagen – und zwar nicht nur, etwas zu sagen, was schön ist und ein frommer Wunsch wäre, sondern ihm gleichzeitig die wirksame Gnade Gottes weiterzuschenken. Dass die Messfeier mit dem Segen endet, ist daher ganz klar: Am Ende steht der wirksame Wunsch, dass Gott diejenigen, die jetzt in die Welt hinausgesandt werden, mit seiner helfenden Kraft begleiten möge. Nun gibt es verschiedene Formeln des Segens. Da steht zum einen der einfache, trinitarische Segen, der im Namen des dreifaltigen Gottes die Gemeinde segnet. Zum anderen wird dieser vom Bischof erweitert mit den beiden Zusätzen „Der Name des Herrn sei gepriesen – von nun an bis in Ewigkeit" und „Unsere Hilfe ist im Namen des Herrn – der Himmel und Erde erschaffen hat". Der Segen des Bischofs wird „Pontifikalsegen" genannt. Des weiteren gibt es noch feierliche Schlusssegen; das bedeutet, dass es für bestimmte Festtage eigene Segensformeln gibt, die das Geheimnis des jeweiligen Tages noch einmal in Erinnerung rufen und mit einem speziellen Segenswunsch verbinden. Außerdem gibt es die so genannten Segensgebete über das Volk, die teilweise besondere Anliegen zum Inhalt haben; am bekanntesten ist dabei der „Wettersegen", in dem um gutes und gedeihliches Wetter und um Schutz vor Unwetter gebetet wird.

Segen spricht dem anderen die wirksame Gnade Gottes zu.

Eine besondere Bedeutung kommt dem Aaronitischen Segen zu,

2013

der aus dem Alten Testament stammt und von dem es heißt, dass Gott ihn Mose für die Priester des israelitischen Volkes mitteilt, damit dieses mit den entsprechenden Worten gesegnet werde: „Der Herr segne dich und behüte dich. Der Herr lasse sein Angesicht über dich leuchten und sei dir gnädig. Der Herr wende sein Angesicht dir zu und schenke dir Heil“ (Num 6,24-26). Diese Formel kann auch immer wieder am Ende der Messfeier verwendet werden.

+ Segen geht immer vom Höheren zum Niedrigeren aus -> der Priester hat besondere Gewalt (aber auch Eltern -> Kinder; sonst betet man "nur" um Segen statt ihn vollmächtig zuzusprechen!)

Haltungen im Gottesdienst – Das Knien

Aus ganz alten Kulturen des Alten Orients, wie etwa der persischen, sind uns verschiedene Bilder erhalten, die eine bestimmte Szenerie darstellen: Ein König oder eine andere höher gestellte Persönlichkeit sitzt oder steht auf einem besonderen Platz, und eine andere Person liegt vor ihm auf dem Boden oder hat sich auf die Knie niedergelassen: die auf Griechisch so genannte „Proskynese“ oder lateinisch „Prostratio“, die Niederwerfung. Der eine zeigt dem anderen dadurch, dass er sich selbst klein macht, dass er dessen Autorität anerkennt. Durch das Knien vor dem anderen kommt auf besondere Weise auch die Ohnmacht des Knienden zum Ausdruck.

Wenn wir uns in der gottesdienstlichen Feier hinknien, dann kommt diese zeichenhafte Körperhaltung aus eben dieser geistesgeschichtlichen Tradition: Er, der uns hier in den Gestalten von Brot und Wein und in seinem Wort begegnet, ist der König der Könige. Dass ihm eine ähnliche Ehrfurchtsbezeigung geziemt wie dem König, ist daher nur zu verständlich. Uns Menschen bleibt im Angesicht der Majestät, der Größe Gottes, nichts anderes übrig, als uns unserer Kleinheit bewusst zu sein und auf die Knie niederzufallen. So könnte man in einem Satz zusammenfassen, was dieses alte Symbol des Kniens bedeuten will.

Das Knien macht die Größe deutlich.

Wann knien wir denn nun in unseren Gottesdiensten? In der Messfeier geschieht das vor allem während des Hochgebetes und der Wandlung. In dem Moment, in dem der Priester die Worte Jesu bei seinem Letzten Abendmahl wiederholt, geschieht das absolut Unfassbare: Gott, der Allmächtige, macht sich für uns Menschen angreifbar, ja sogar essbar. Er wird in diesem Brot und diesem Wein gegenwärtig. Weil er zu uns kommt, machen wir uns klein, zeigen wir unsere Achtung vor

seiner Größe. Das Gleiche kommt zum Ausdruck, wenn sich ein betender Mensch nach der Kommunion zum stillen Gebet an seinem Platz hinkniet. Vor dem Wunder dieses Geschehens kann der Mensch nur noch klein werden.

Deshalb knien wir auch, wenn der Leib Christi in der Monstranz ausgestellt wird: In diesem Brot ist Christus gegenwärtig, und das wird uns zur Anbetung gegenübergestellt.

Das Knien ist also ein Zeichen, das vor allem die Größe Gottes herausstellen will. Es als eine unerwünschte Demütigung des Menschen zu sehen, verzerrt die Symbolhandlung völlig.

Die oben erwähnte „Prostratio", also das Niederwerfen auf den Boden, kennen wir in der Liturgie heute auch noch: Bei der Diakonen-, Priester- und Bischofsweihe legen sich die Kandidaten während der Allerheiligenlitanei ausgestreckt auf den Boden. Auch bei Ordensprofessen oder der Abtsweihe ist das üblich.

Außerdem ist es Brauch, dass am Karfreitag sich der Priester und der Diakon zu Beginn der Liturgie vom Leiden und Sterben unseres Herrn vor dem Altar auf den Boden werfen, um so zu zeigen, wie groß die Güte Gottes sein muss, der für den Menschen in den Tod gegangen ist.

↳ und vielleicht auch um die tatsächliche (!) Kleinheit und an diesen Tagen auch Schuldhaftigkeit zum Ausdruck zu bringen !?

(ist die Tendenz unserer Zeit! :) (=) heute haben viele kein Verständnis mehr für Sünde (u. Schuld) gegenüber Gott, Autoritäten und das sich demütigen)

Was machen Menschen für Erfahrungen mit der Eucharistiefeier?

Die Erfahrungen der Menschen mit der heiligen Messe sind sehr unterschiedlich. Leider sprechen die Christen viel zu wenig miteinander über ihre Erfahrungen mit dieser zentralen Feier unseres Glaubens. Ich finde es immer wieder beeindruckend, wenn mir jemand erzählt, was ihm oder ihr die Messe bedeutet. Gerade Menschen, die täglich die Eucharistie mitfeiern, haben mir spannende Erfahrungen berichten können. Aus der Geschichte der Kirche sind auch ganz viele Wunder, die mit der Eucharistie zusammenhängen, bekannt. Immer wieder haben Menschen Besonderes erlebt, was mit dieser Feier zu tun hat. Ein Beispiel möchte ich kurz erzählen, weil es mich sehr beschäftigt hat: In Lourdes, dem französischen Wallfahrtsort, habe ich beobachtet, dass bei der Eucharistischen Prozession, und dabei besonders beim Segen vor den Kranken, immer Ärzte einen besonderen Platz einnahmen. Ich habe gefragt, wo das herkomme. Und mir wurde erklärt: Die meisten als Wunder anerkannten Heilungen in Lourdes sind tatsächlich während der eucharistischen Prozession geschehen.

Junge Kirche
Hagen-Witten

Warum gibt es unterschiedliche Farben?

Die Liturgie will alle Bedürfnisse und Sinne des Menschen ansprechen. So gibt es zum Beispiel duftenden Weihrauch, leuchtende Kerzen oder die liturgischen Haltungen.
Die Farben, die die Augen, d. h. den Sehsinn des Menschen ansprechen, wollen unterstreichen, was an dem jeweiligen Tag gefeiert wird. Farben haben eine große Wirkung: Sie lassen einen Raum warm oder kalt wirken, drücken Stimmungen aus, unterstreichen, signalisieren, markieren. Natürlich erhöhen die unterschiedlichen Farben auch die Feierlichkeit des Gottesdienstes. Der Priester, und manchmal auch die Messdiener, die Ministranten, tragen Gewänder jeweils in den liturgischen Farben. Außerdem werden oft die Farben an Ambo, Altar oder ähnlichen Einrichtungsgegenständen der Kirche gezeigt.
Ihren Ursprung haben diese Farben in der Kleidung der römischen Antike, in der über dem weißen Untergewand farbige Kleidungsstücke getragen wurden, an deren Gestaltung man auch teilweise den gesellschaftlichen Rang der Person ablesen konnte. Seit dem 16. Jahrhundert, als die römische Liturgie reformiert wurde, gibt es allgemein gültige Vorschriften, wann welche Farbe getragen werden soll.

Die einzelnen Farben haben natürlich bestimmte Bedeutungen:

Weiß ist die Festfarbe, die Farbe des Lichtes, die Farbe der Reinheit. Deshalb wird Weiß an Hochfesten wie Ostern oder Weihnachten getragen. Aber auch die anderen „Herrenfeste" wie beispielsweise Christi Himmelfahrt oder Taufe des Herrn sind durch die Farbe weiß gekennzeichnet. Ebenso zeichnen sich die beiden Festkreise von Weihnachten und Ostern (also jeweils die Zeit nach den Festtagen) durch die Farbe weiß aus. Außerdem sieht man Weiß an Festen von Heiligen, die nicht für ihren Glauben als Märtyrer gestorben sind.

Rot wiederum ist die Farbe des Feuers, des Blutes und der Liebe. Als Feuerfarbe ist Rot dann zu sehen, wenn Feste des Heiligen Geistes gefeiert werden, so an Pfingsten oder bei der Firmung. Das Blut wiederum spielt eine Rolle, wenn Rot an Märtyrerfesten getragen wird, also an Tagen, an denen man das Gedenken von Heiligen (auch den meisten Aposteln!) feiert, die für ihren Glauben gestorben sind. Außerdem ist Rot die Farbe des Karfreitags, des Palmsonntags und von Kreuzerhöhung, also der Tage, an denen besonders an das Leiden und den Tod Jesu gedacht wird. Blut und Feuer haben aber beide auch etwas mit der Liebe zu tun: Der Heilige Geist, der an Pfingsten in Feuerzungen auf die Jünger herabkam, wird oft als das Band der Liebe bezeichnet, das Menschen und Gott vereint. Jesus selbst sagt aber auch: „Es gibt keine größere Liebe, als wenn einer sein Leben für seine Freunde hingibt“ (Joh 15,13). Übrigens ist Rot auch die liturgische Farbe für die Trauerfeierlichkeiten für einen verstorbenen Papst.

Grün ist die Farbe des Wachsens, der Hoffnung und des Lebens. Diese Farbe wird an den Sonntagen und Werktagen des Jahreskreises getragen, wenn kein anderes Fest gefeiert wird. Das Reich Gottes beschreibt Jesus immer wieder als etwas Wachsendes, er spricht von Samen, die aufgehen und wachsen, vom

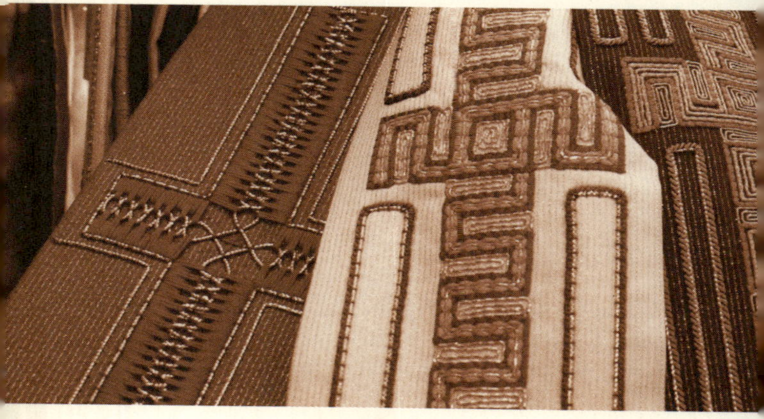

Sauerteig, der den ganzen Teig durchsäuert: Das Wachsen dieses Reiches Gottes kommt durch die grüne Farbe genauso zum Ausdruck wie das Wachsen des einzelnen Beters im Glauben. Außerdem ist es eben die Farbe der Hoffnung, des Bleibens und auf Gott Vertrauens auch und gerade im Alltag. Und: Es ist die Farbe der lebendigen Natur, der Schöpfung, und damit der Dankbarkeit für alles, was uns von Gott geschenkt wurde.

Violett ist die Farbe, die aus Rot und Dunkelblau gemischt wird: Dunkel steht sie am Ende der Farbskala – sie ist die Farbe des Übergangs, die auch für Verwandlung und Neubeginn steht. Deshalb ist Violett die Bußfarbe: In der Advents- und Fastenzeit wird sie getragen, auch bei der Beichte ist die Stola des Priesters Violett. Bei Beerdigungen und in Messen für Verstorbene und auch am Gedenktag Allerseelen wird – neben der Trauerfarbe Schwarz – auch Violett verwendet.

* damit ist das "Wachsen" der Herrschaft Gottes (seines Willens) gemeint => allgemein unter den (insbesondere) christlich Menschen, aber auch besonders das Wachstum der Kirche die das Gottesreich widerspiegeln soll bzw. sichtbares Zeichen

Schwarz ist in unserem Kulturkreis die Trauerfarbe. Deshalb ist Schwarz auch als Farbe für Beerdigungen und Messen für Verstorbene vorgesehen. In den letzten Jahren wurde diese Farbe von vielen Liturgen wieder entdeckt. Einige Zeit wurden schwarze vor allem durch violette Gewänder ersetzt. Auch an Allerseelen kann Schwarz getragen werden.

Rosa kommt nur zweimal im Jahr vor, und zwar an zwei besonderen Sonntagen, an denen es getragen werden kann: Am dritten Adventssonntag, der den lateinischen Namen „Gaudete" trägt, und am vierten Fastensonntag, der „Laetare" genannt wird. Beide Namen haben etwas mit der Freude zu tun. Mitten in den Bußzeiten, die auf Weihnachten und Ostern vorbereiten, scheint schon einmal die Freude des jeweils folgenden Festes durch: Das Violett der Buße wird durch das Weiß der zu erwartenden Festzeit aufgehellt – und deshalb eben zu Rosa.

Blau kann auch als liturgische Farbe verwendet werden – und zwar bei Gottesdiensten, in denen besonders der Gottesmutter Maria gedacht wird. In der christlichen Kunst wurde Maria sehr oft mit der früher besonders teuren und daher edlen Farbe Blau dargestellt. Die Farbe des Himmels, der Freiheit, der Sehnsucht ist so zu einem Sinnbild für Maria geworden. An manchen Orten

wird die Farbe Blau heute noch verwendet, in manchen Gegenden ist sie sogar vorgeschrieben.

Welches Gewand trägt der Priester?

Das Messgewand, das der Priester zur Messfeier anlegt, besteht aus mehreren einzelnen Kleidungsstücken, die übereinander getragen werden. Das Gewand des Priesters ist vor allem dazu gedacht, ihn zu verhüllen, ihn zu verdecken, um ihn hinter seiner Rolle zurücktreten zu lassen: Er steht nicht für sich selbst am Altar, sondern für Christus. Wer der Priester auch immer sein mag – wie viele Fehler er im Alltag macht oder wie begabt oder unbegabt er ist: Die liturgischen Gewänder sollen den Gläubigen helfen, anstelle des Priesters Christus erkennen zu können. Außerdem unterstreichen natürlich festliche Gewänder den feierlichen Charakter des Gottesdienstes.
Zuerst legt der Priester das **Schultertuch** um den Hals. Dabei handelt es sich um ein weißes Leinen- oder Baumwolltuch, das in zwei Bänder an den Ecken ausläuft. Das Tuch wird um die Schultern gelegt und die beiden Bänder über der Brust gekreuzt und zugebunden. Wahrscheinlich hatte das Schultertuch in seinem Ursprung zuerst einmal praktische Gründe: Es wärmt in der kalten Jahreszeit und dient bei Hitze als Schweißtuch. Dabei ist das weiße leinene Tuch viel leichter zu reinigen, als es die wertvollen bestickten Messgewänder, die darüber getragen werden, sind. Zeitweise wurde das Schultertuch wohl auch als eine Art Kapuze über dem Kopf getragen und erst zum

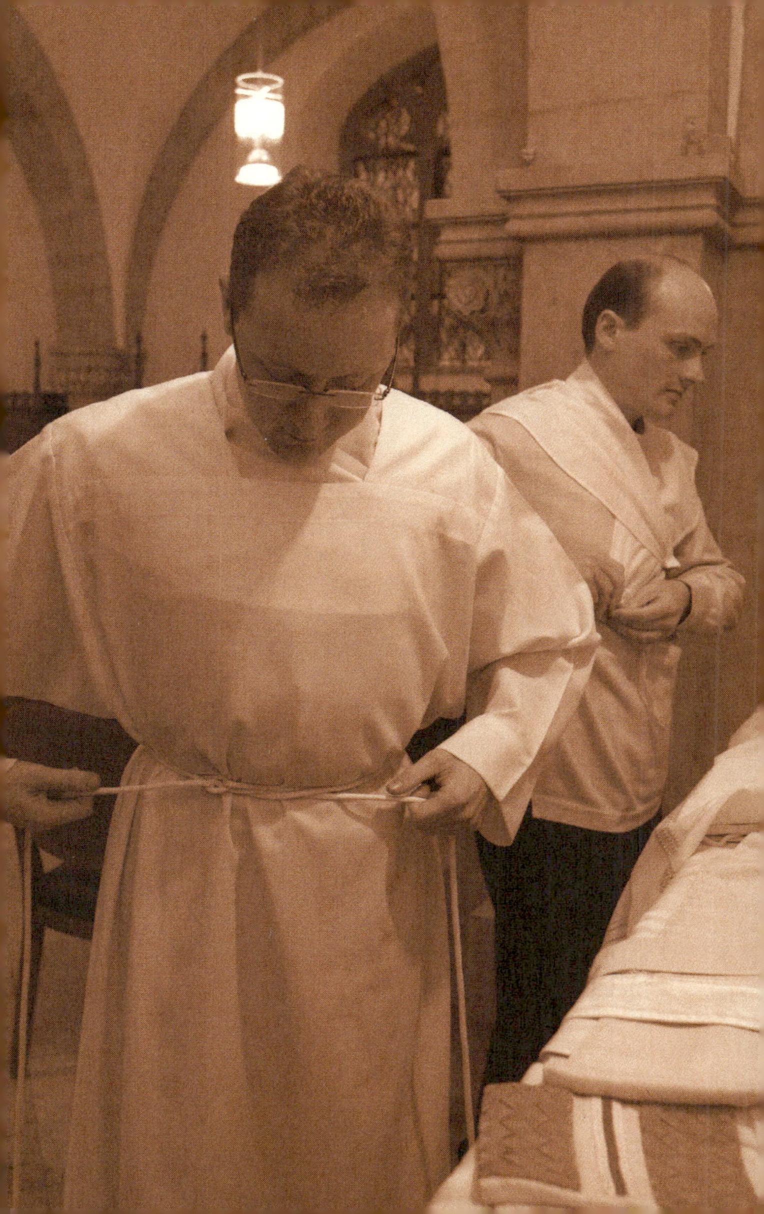

Eucharistischen Hochgebet abgenommen. Beim Anlegen des Schultertuchs, das er erst einmal über den Kopf legte, betete der Priester früher ein eigenes Gebet: „Setze, o Herr, auf mein Haupt den Helm des Heiles, damit ich die teuflischen Anfechtungen überwinde." Das Bild des Helms ist für uns natürlich ein bisschen befremdlich. Allerdings spricht der Apostel Paulus von der Rüstung, die der Glaubende anlegen soll: „Zieht die Rüstung Gottes an, damit ihr den listigen Anschlägen des Teufels widerstehen könnt. Denn wir haben nicht gegen Menschen aus Fleisch und Blut zu kämpfen, sondern gegen die Fürsten und Gewalten, gegen die Beherrscher dieser finsteren Welt, gegen die bösen Geister des himmlischen Bereichs. Darum legt die Rüstung Gottes an, damit ihr am Tag des Unheils standhalten, alles vollbringen und den Kampf bestehen könnt. Seid also standhaft: Gürtet euch mit Wahrheit, zieht als Panzer die Gerechtigkeit an und als Schuhe die Bereitschaft, für das Evangelium vom Frieden zu kämpfen." (Eph 6,11-15) Im liturgischen Gewand des Priesters spiegelt sich also auch sein eigenes Leben, sein Versuch, den Glauben im Alltag umzusetzen.
Über das Schultertuch zieht der Priester nun die **Albe**, das weiße, bodenlange Untergewand. Das Wort Albe kommt von dem lateinischen Begriff „albus", der nichts anderes als Weiß bedeutet. Die antike Kleidung kannte vor allem das weiße Gewand, die Tunika, über der – wie oben schon beschrieben – oft weitere Kleidungsstücke getragen wurden. Zum einen erinnert dieses Kleidungsstück mit seiner weißen Farbe an das Taufkleid. Als getaufter Christ tritt der Zelebrant an den Altar. Die Berufung in der Taufe ist die ursprüngliche, die ihn zum Sprechen mit Gott und zu einer echten Liebesbeziehung mit ihm befähigt. Auf der anderen Seite ist das oft zu waschende und zu

bleichende Gewand ein Hinweis auf jene weißen Stoffe, die nach dem Zeugnis der Offenbarung des Johannes die Erlösten tragen: „Es sind die, die aus der großen Bedrängnis kommen; sie haben ihre Gewänder gewaschen und im Blut des Lammes weiß gemacht." (Offb 7,14) Damit wird deutlich: Der Priester darf als der, der er nun einmal ist, die Messfeier leiten. Christus selbst ist es, das Lamm Gottes, das ihn befähigt, als Reiner und Erlöster vor ihn zu treten.

Die Albe wird um die Hüften mit einem Gürtel zusammengehalten. Dieses Accessoire nennt man **Cingulum**, was auf Deutsch eben „Gürtel" bedeutet. Bei alten Alben ist der Schnitt meistens so, dass sie für den einzelnen Priester zu lang und auch zu weit sind. Sie sind sozusagen in Einheitsgröße geschneidert. Das Cingulum ist dazu da, die Albe „schürzen" und „raffen" zu können, sie also in der Größe an den jeweiligen Zelebranten anzupassen. Dabei erinnert der Strick, mit dem sich der Priester gürtet, an das Unterwegssein im Glauben: Im Alten Testament heißt es, die Israeliten sollten das Paschamahl hastig und mit dem Gürtel um die Hüften essen (vgl. Ex 12,11: „So aber sollt ihr es essen: eure Hüften gegürtet, Schuhe an den Füßen, den Stab in der Hand. Esst es hastig!"). Im Evangelium sagt Jesus: „Legt euren Gürtel nicht ab und lasst eure Lampen brennen!" (Lk 12,35) Damit beschreibt er die Haltung des Jüngers, der stets bereit ist für das Kommen des Herrn.

Über der Albe trägt der Priester die **Stola**. Dieser „Schal" wird um den Hals gelegt und liegt zu beiden Seiten gleichlang über der Brust des Priesters. Diakone tragen auch eine Stola, allerdings legen sie sie sich quer über die Brust, von ihnen wird die Stola über die linke Schulter getragen. Dieses Kleidungsstück ist das Amtszeichen des Priesters – und ist in der jeweiligen li-

turgischen Farbe gehalten. Jedes Mal, wenn er Sakramente spendet, legt der Priester die Stola um. Sie erinnert an ein Joch, das um den Hals der Person gelegt ist: Der Priester ist von Gott in Dienst genommen, seine Amtsgewalt hat er durch die Inanspruchnahme Gottes. Dabei ist die Aufgabe nie leicht, und sie ist mit einer großen Verantwortung verbunden. Aber es darf trotzdem die Gewissheit herrschen: Jesus Christus selbst trägt das Joch mit. „Nehmt mein Joch auf euch und lernt von mir; denn ich bin gütig und von Herzen demütig; so werdet ihr Ruhe finden für eure Seele. Denn mein Joch drückt nicht und meine Last ist leicht." (Mt 11,29f)

Das Obergewand schließlich, das Messgewand, nennt man die **Kasel**. Auf unterschiedlichste Art und Weise kann dieses Kleidungsstück gestaltet sein. Es handelt sich um einen Überwurf, der eine Öffnung für den Kopf hat und über die Schultern gelegt wird. Das Messgewand ist jeweils in der liturgischen Farbe gehalten. Auch hier ist wieder der schon bei der Stola erwähnte Gedanke des Jochs zu erwähnen. Früher betete der Priester beim Anlegen der Kasel: „O Herr, der du gesagt hast, mein Joch ist süß und meine Bürde leicht, gewähre mir, dieses Joch und diese Bürde so zu tragen, dass ich deine Gnade erlange." Wie gesagt: Vor allem geht es beim Messgewand darum, die Person des Zelebranten zu verhüllen und zu zeigen, dass er für einen anderen dasteht. Damit haben diese Gewänder vor allem einen helfenden Charakter: Christus soll im Zentrum stehen.

Quellenverzeichnis

Fotonachweis:
S. 9: © Ludwig Waldmüller
S. 10/11: © Alexandra Wehr
S. 38/39: © picture alliance/dpa
S. 41: © picture allianc/Design Pics
S. 42: © josef rapek/Fotolia
S. 44: © Ludwig Waldmüller
S. 47: © IngridHS/Fotolia
S. 48: © Glenda Powers/Fotolia
S. 50: © kathbild/Franz Josef Rupprecht
S. 52: © picsfive/Fotolia
S. 55: © kathbild/Franz Josef Rupprecht
S. 57: © diego cervo/Fotolia
S. 61: © belleepok/Fotolia
S. 63: © Alexandra Wehr
S. 64: © jrwasserman/Fotolia
S. 67: © Ludwig Waldmüller
S. 71: © KNA-Bild
S. 75: © kathbild/Franz Josef Rupprecht
S. 78: © Ludwig Waldmüller
S. 80: © Ludwig Waldmüller
S. 82: © Alexandra Wehr
S. 85: © picture alliance/dpa
S. 88: © KNA-Bild
S. 91: © picture alliance/dpa
S. 94: © KNA-Bild